南宋書房
NANSONGBOOKS

何为生活，何以为美？

前言

　　"雅"是《诗经》类名之一。《诗大序》中记载:"雅者,正也,言王政之所由废兴也。政有小大,故有小雅焉,有大雅焉。""雅"本来是"正"的意思,所指的是西周王畿的乐曲。雅诗又分为大雅和小雅,大多是当时的贵族所作。因此,自古以来"雅"字就与上层社会的生活紧密地结合在一起,代表着贵族阶层的审美风尚。

　　到了重文轻武、文人治国的宋代,"雅"这一概念就有了更加广博的文化内涵。宋代是一个极为特殊的时代,正如著名的史学家陈寅恪先生所说:"华夏民族之文化,历数千载之演进,造极于赵宋之世。"在这一时代,社会经济出现了前所未有的大繁荣、大发展的局面,在农业、手工业、商业等各个行业都取得了重大的成就。经济的繁荣为宋代文化的发展奠定了基础,在思想、科技、文学、美术、宗教等各个方面,都出现了繁荣的景象。在思想上,儒学重新回到主流地位,并且在汉学的基础上产生了新儒学——理学,进入了"宋学"的新阶段;科技上,中华民族引以为傲的"四大发明"也在这一时期趋于成熟;文学上,以欧阳修为代表的文人集团完成了自唐以来轰轰烈烈的古文运动,单是"唐宋八大家"中宋人就占据了六席,宋诗则是继唐诗之后开辟了新的诗歌道路,注重理趣的表达,兴起于唐末的词则在此时达到了全盛,话本文学也流行于世,成为小说的前身;美术上,书法、绘画、石刻、雕塑等各个领域都形成了时代特色，步入了全新的阶段；宗教上，儒、释、道三家合流，每家都有全新的发展。可以说，宋代在商品经济、文化艺术、科技创新等方面的繁荣，在整个中国历史发展中都是独树一帜的。

所谓经济基础决定上层建筑，在这样一个物质繁荣的时代，精神世界的丰富自然成为当时宋人的追求。曾经只有贵族阶层才能追求的精神生活的"雅"也逐渐普遍化，无论是贵族阶层还是平民百姓，都能够在平凡的生活中找到属于自己的审美体验。这些体验不但蕴含在门槛较高的文学和美术中，更体现在寻常生活的一事一物之中，因此而有雅事、雅器。凡是具备审美属性和文化属性的事物，俱可称雅。雅事虽然以吴自牧曾在《梦粱录》中提到的"烧香、点茶、挂画、插花"四种为典型代表，饮酒、操琴、书画也同样可作为雅事；相对应的酒器、乐器、文房用具，亦可作为雅器。本书所涉之器，从材质上来看，既有仿古的青铜制品，也有名盛千年的

宋代瓷器，更有水晶、端石等石制器物；从用途上来看，则包括了礼器、乐器、文房、服饰、茶器、酒器等诸多品类。笔者试图通过出土文物，来探求宋人精神世界背后的时代背景与历史现象，将宋人这份对"雅"的追求放到大环境中，尽可能还原宋代的美学观念和时代风尚。

尽管重文轻武的政策带来了诸多隐患，宋代在当时国际形势中一直处于弱势且被动的局面，最后以无比惨烈的方式终结，但我们不能否认的是，宋代的确是一个极具魅力的朝代。透过雅器所见到的历史，自然也无法避开宋代为人诟病的诸多问题，但这种对一事一物精益求精的品质，正在每一个细微之处彰显着强烈的人文精神。宋人对于美好生活的向往和精神世界的追求，确实构成了中华民族的血液中最为风雅的部分。现代人既已无法亲历当时的雅致风尚，不妨凝望着这些雅器，拨开历史的薄雾，于平淡的生活中，感悟那千年之前的风雅精神吧！

目 录

传世之音，
宋代的雅乐乐器

无法复制的"大晟"编钟

"国之大事，在祀与戎。"祭祀和战争是西周乃至春秋战国时期最重要的国家大事。届时，天子和诸侯都要亲自前往参加盛大的仪式。仪式自然离不开音乐，而在古代诸多乐器之中，最引人注目的无疑就是宏大而古朴、象征着隆重与庄严的编钟了。

作为礼器的编钟起源于西周，兴盛于春秋战国时期，是用木架将大小不一的铜钟按一定顺序悬挂起来，再用小木槌敲出不同的音调，进而组合成乐曲。一套编钟的铜钟数量按主人身份和阶级而定，少的有 3 枚，多的有几百枚，地位越高数量越多，诸侯的编钟甚至能摆满整个音乐厅的舞台！不过，由于铸造、演奏和移动都要耗费大量的人力、物力，再加上汉朝以后社会阶层的变动，编钟逐渐成为历史，不再是雅乐中的重要成员。

　　大概编钟自己也想不到，在千年以后的宋代，还会有皇帝斥重金来打造与其相似的"赝品"。北宋徽宗崇宁三年（1104），在应天府（今河南商丘）的崇福院中，出土了一组春秋时期宋国所铸的编钟，共有 6 枚，上面刻有宋公戌钟的名字。要知道，应天府可是宋太祖赵匡胤的"龙潜"之地——应天府原名为宋州，宋太祖登基之前便在宋州任职，因此取国号为"宋"，后又将宋州改名为应天府，是取"应天之命"，即顺应天意的意思。在这里出土了铭刻着国号的古代礼器，举国上下都认为这是祥瑞之兆，"于受命之邦出为太平之符者"。宋徽宗命人仿照着这几枚春秋古钟的样子，铸成了 12套编钟，每套 28 枚，共计 336 枚，以当时音乐机关的名字"大晟"来命名，故称为"大晟"编钟。

　　之所以说它们是"赝品"，是因为它们虽然在外观上与原始编钟差别不大，都呈瓦片形状，花纹图案也与宋公戌钟基本相同，但铸造技艺却无法仿得，铭文也有所不同。先秦时代的编钟的大小、排列顺序都有一定的规则，且每枚钟都能敲出两种声音。可是，这种铸造技艺到宋代时早就已经失传。宋代所铸的钟是每枚大小一致，通过厚薄的不同来发出不同的声音，每枚钟只能发出一个乐律的乐音，与先秦的古钟是有本质上的不同的。

除了铸造技艺的问题，这套编钟在铸造时，还遇到了如何定音的问题。不同于西洋乐的七声音阶，我国古代的乐音根据音高的不同分为十二律，分别是黄钟、大吕、太簇、夹钟、姑洗、仲吕、蕤宾、林钟、夷则、南吕、无射、应钟，一般以黄钟律作为基准律，再去敲定其他的乐音。可是，由于年代久远，再加上《乐经》的失传，人们已经无法确认黄钟律的音调，更不必说其他的乐音了。因此，宋徽宗下诏，要求朝野上下去民间遍寻懂古时音律的人。官员们费尽心思，终于在西蜀地区找到了一位耄耋老人。老人名叫魏汉津，据说他不但通晓阴阳术数，对音律更是有极深的造诣，自称从唐代仙人李良那里学过"鼎乐之法"——也就是礼乐。

魏汉津认为，黄帝创立黄钟律时，所用的律管（通过管的声音来确定音高的标准器）长度不同，其音高自然不同——长度有九寸，而大禹崇古，曾通过左手中指第三节、无名指第三节和小指第三节来合成九寸之长。因此，魏汉津建议宋徽宗效法大禹，也以左手手指这三节的长度作为律管的长度，再推断每枚铜钟的容积。徽宗很高兴，立刻命当时专管乐器铸造的部门"铸泻务"仿照宋公戌钟，开展新乐编钟的铸造工作。崇宁四年（1105），12套新乐编钟铸造完成，每套分

"大和·夹钟清"钟，为原
"大晟"编钟之一
故宫博物院藏

为正声 12 枚，中声 12 枚，清声 4 枚，整体形制与宋公戌钟几乎无二。

　　为了庆祝新乐编钟的落成，宋徽宗于大庆殿摆设宴席，百官都聚集在此，聆听重现于世的上古礼乐。相传，当新乐编钟奏响之时，竟然从东北方向出现了数只白鹤，绕殿而飞。笃信道教的宋徽宗，更认为这是祥瑞之兆，不由得龙颜大悦。既然尧的音乐被称为"大章"，舜的音乐被称为"大韶"，今日所奏之乐正是追效上古，更象征着尧舜的圣人之治，徽宗便将这套新乐赐名为"大晟"，与音乐机关同名，新乐编钟则称

"大晟"编钟之一
海淀博物馆藏

"大晟"钟。作为象征盛世的国之礼器，"大晟"钟被珍藏于宋廷，"大晟"乐则作为徽宗的得意之作而通行九州。

只可惜好景不长，所谓的"祥瑞之兆"并不能阻挡金军南下的铁蹄。在"大晟"钟铸成22年后，也就是靖康二年（1127），金军一路杀入汴京，就连徽宗、钦宗二帝，也在一夜之间沦为阶下囚，被俘北上。与此同时，金军在汴京城内大肆劫掠，带走了大量的珍贵书画和宝物。这336枚"大晟"编钟也未能幸免于难——有的在围城之时被宋人埋入地下，有的成了金军统帅赏赐部将的战利品，还有的随同宋朝被俘的两位皇帝一同北上，继续在金国的宫殿中演奏着"盛世之音"。因为触犯金太宗完颜晟的名讳，它们的名字也未能保留。金人磨去了钟身所刻的"大晟"之名，取"大乐与天地同和"之义，为它们改名"大和"，重新刻于其上。今天我们在故宫博物院看到的1958年购藏的那枚，就是这段历史的亲历者和见证者。而仅有海淀博物馆所藏的一枚，"大晟"的刻识仍然完整，想必是金军赏赐与人后散佚的一件。

如今，已知存世的"大晟"编钟仅剩25枚，故宫博物院藏有8枚。这8枚编钟涵盖了正声、中声和清声全部的3个类别，涉及7种音律，至今仍然能够发出清晰的声音。千年已逝，沧海桑田。看着它们的形貌，我们似乎仍然能够从中感受到那泱泱北宋的盛世欢歌，而在袅袅余音中，那斑驳的锈迹与"伤痕"，也在向人们诉说着亡国的屈辱与悲凉。

藏在七弦琴里的天地人和

"欲将心事付瑶琴。知音少，弦断有谁听？"这是南宋名将岳飞在《小重山》词作中写下的句子。所谓"瑶琴"，指的便是具有 3000 年历史的古琴，又称玉琴、绿绮、七弦琴，深受文人的喜爱。两宋时期，文人治国的基本国策更是推动了古琴文化的发展，形成了"官琴"与"野斫"齐头并进的局面，留下不少传世名琴。20 世纪 50 年代初，在河南方城县征集、现藏于河南博物院的"石泉"七弦琴便是其中之一。

"石泉"七弦琴长 121 厘米，宽 19 厘米，厚 4 厘米，是一张薄而精巧的仲尼式古琴。北宋斫琴名家石汝砺在他的论著《碧落子斫琴法》中写道："凡面厚底薄，木浊泛清，大弦顽钝，小弦焦咽；面底俱厚，木泛俱实，韵短声焦；面薄底厚，木虚泛清，利于小弦，不利大弦；面底皆薄，木泛俱虚，其声疾出，音韵飘扬。是故为琴之法，必须底面相当，虚实相称，弦木声和。"正如其言，"石泉"七弦琴琴面由桐木所制，木质偏软，底面则为梓木，木质较硬，薄厚相当的同时又有软

"石泉"七弦琴琴面及琴底照片

硬之分，声音便可以经过多重反射而更显浑厚圆润。虽然形
状扁平，但它的琴面在中心处有一个向上凸起的圆弧，覆
盖在琴底的平面之上——这正对应着古人"天圆地方"的
观念。

"天圆地方"这一观念不仅包含古人对天地形态的初步
认识，更蕴含着深厚的哲学思想。天上的日月星辰按圆环状
的轨迹运行，象征着运动，地面则方正平实，象征着静止；天
地之间一动一静、一阴一阳，两相结合则动静互补、阴阳平
衡，由此而生万物。古代中国大到祭祀场所（如天坛、地坛）
的设计、"外儒内法"的治国理念，小到铜钱的形制，无一不
体现着这样的哲学思想。而古琴也同样是在琴面和琴底、琴
弦与琴木这样的动静结合之中，生发出清冷入仙如同天籁的

泛音、缥缈多变如人私语的按音、悠长旷远如远古之思的散音等诸多不同的琴音，这正是"天圆地方"哲学在乐器中的最好诠释。

同宋朝其他传世名琴一样，在琴颈的底面用篆书刻着它的名字——"石泉"，龙池两侧刻有琴铭，都是隶书："匪木之为象，石之响；匪丝之为声，泉之清；匪泉之为激，石之力。石耶！泉耶！琴耶！"琴铭不但代表了古琴的风格特点和精神内核，更是将书法、文学与古琴艺术融为一体的典型代表。宋代偏爱行草，而用隶书写就琴铭，往往意味着斫琴者有尚古之风，其琴音也必有悠远的古意。不同于汉隶、唐隶水波似的圆融丰润，"石泉"七弦琴上的隶书更像浪花，弱化了蚕头处的圆润感，而在燕尾的处理上比较轻盈，显出清雅逸趣的味道来。

再看琴铭的内容，短短 30 字，便为人们勾勒出一幅石上

篆书琴名"石泉"
及隶书琴铭

琴颈底面与龙池两侧的刻文照片、拓本及摹本

听泉图：当此琴奏响之时，人们将忘却这乐音来源于一张木质丝弦的古琴，仿佛置身于山间石上，聆听着清泉于高处倾泻而下，在与石相触碰的一刻迸发出玉碎般的激越声音。这不同于"明月松间照，清泉石上流"中那样安闲与静谧的境界，斫琴者似乎将"清泉""石上"这样与诗中相同的意象，重新组合出一种更有力量感和碰撞感的高亢清越的意境。由此可见，这位斫琴者虽尚古却不泥古，于古意中找到全新的意趣，名为复古实为创新。

"石耶！泉耶！琴耶！"在琴铭结尾，斫琴者如感叹、如咏唱，仿佛已经模糊了石、泉、琴三者各自的边界，而融合为统一的精神。以易斫之木奏以金石之声，以细软之丝奏以泉水之清，以泉水激石之力奏以慷慨激昂之音，这不正是古代士大夫精神的缩影吗？这精神包含着君子固穷之情操，包含着虽千万人吾往矣之孤勇，包含着为天下先之热血，更包含着宁为玉碎、不为瓦全之清高。

有宋一代，科举取士、推崇儒学，根植于儒家思想的士大夫们是推动社会进步的中坚力量，善于通过瑶琴书写自己心怀的也正是他们。前有与民同乐的欧阳修、先天下忧的范仲淹，后有浩然正气的文天祥。这份忠君爱国、敢于献身的士大夫精神，不但贯穿整个宋朝，更在南宋灭亡时为历史增添了一份悲壮色彩——当南宋军民再也无力抵抗元军的进攻时，他们仍然没有选择屈服，而是纵身投入大海，奏出他们一生、也是宋代历史上最为激越的琴声。

"石泉"七弦琴斫于隆兴二年（1164），正是南宋最有作为的皇帝宋孝宗——同时也是为岳飞平反的皇帝在位时期。如今，虽然"石泉"七弦琴琴弦已失，但从琴面的蛇腹断纹和龙池两侧的琴铭来看，这张近千年的古琴，曾经也必能奏出如泉水激石般的清越之声。想来，那被迫议和、悲愤交加的岳飞，在夜深人静独自抒发内心苦闷、写下《小重山》词之时，他面前的那张琴，也应同"石泉"七弦琴一样，正为他奏出一段段铿锵慷慨的乐音吧!

不过，那愤然绷断的琴弦，是否也正象征着岳飞未来饮恨而死、南宋惨烈湮灭的命运呢?

赶时髦的产物"金钟"琴

宋朝可以说是中国历史上文娱产业最发达的朝代之一。"唐宋八大家",就有六位在宋代;晏殊、范仲淹等"文豪天团",也占据了中小学课本的"半壁江山";就连皇帝宋徽宗也是被朝廷政务"耽误"了的艺术家。众所周知,宋徽宗作为一位"艺术家皇帝",除了人尽皆知的书画成就之外,他对古琴艺术也是推崇备至、颇有钻研的。即位后不久,宋徽宗就将哥哥宋哲宗修建的用于燕息的宣和殿重新修葺,改造成了一个"皇家博物馆",收藏了大量的图书字画、礼器文玩、笔墨纸砚、瓷器名琴等作为皇室珍品。从此,宣和殿便成为他收集材料、珍藏精品、精进艺术的地方。

琴作为文人自古以来的钟爱之物,自然也在艺术天子的收藏规划之内。宋徽宗在宣和殿内设立了"万琴堂",专门收集各类名琴。正如南宋词人周密在《云烟过眼录》中所记载的:"琴则雷为第一,向为宣和殿万琴堂称最。"明代金石学家、藏书家都穆所著的《铁网珊瑚》中也说"琴则春云为第

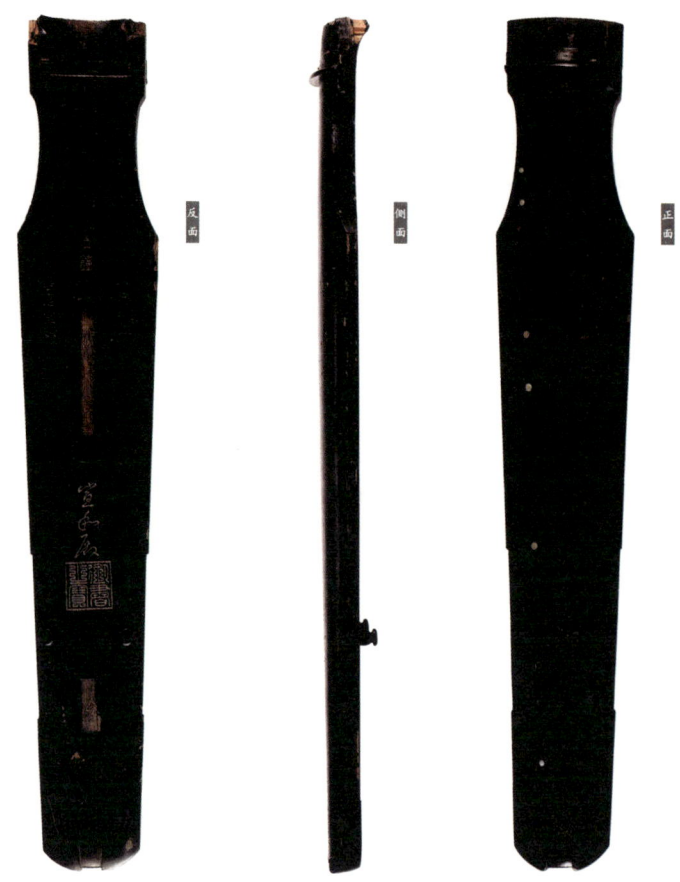

背面　側面　正面

北宋"金钟"琴

一，向为宣和殿万琴堂称最"。可见这宣和殿中的万琴堂所藏之琴，确实俱为上品。

万琴堂中的琴，有官方所制的"官琴"，也有民间所制的"野斫"。流传至今的北宋名琴大多为民间制作的野斫，官琴数量不多。说到现存著名的北宋官琴，还进过宣和殿万琴堂的，故宫博物院所藏的"金钟"琴一定榜上有名。这张琴通长 115.7 厘米，隐间 107.9 厘米，额宽 16.4 厘米，肩宽 19.6 厘米，尾宽 13.6 厘米，厚 4.8 厘米，是一张仲尼式的古琴。

古琴经过漫长的发展，形成了数十种形制，仲尼式是最受欢迎的古琴形制之一。比如，《中国古琴珍萃》一书中，共收录传世名琴 109 张，而其中仲尼式琴就有 62 张。 仲尼式，又被称为孔子式或夫子式，顾名思义，仲尼式古琴相传是孔子所创制的。孔子对琴的教化作用推崇备至，孔子自己也曾学琴唱诗、自编琴曲。宋代文人治国，推崇儒学、敬重孔子，因此，仲尼式古琴在宋代得到了空前发展。出自官方琴局工匠之手的"金钟"琴，可以算得上是"赶时髦"的产物。古琴如同美人，结构上亦对应美人的身体，有头、颈、肩、腰、尾、足。"金钟"琴琴首为方形，琴颈和琴肩处各有一个向内收的弧形，到了琴腰则又内收成一方条，整体造型简洁流畅，颇有儒学的含蓄内敛之风。想来，若"金钟"琴真的化身为美

"金钟"琴琴名

人，也必定是位高挑优雅、落落大方的窈窕淑女。

琴名"金钟"，以小篆体刻于龙池上方。"钟"是一种打击乐器，在古代多为礼器，一般只有王公贵族才能在朝聘、祭祀、宴请等重要场合使用。最早的钟是铜制的，被人们称为"黄钟"。《大晟乐书》记载道："黄钟者，乐所自出，而景钟又黄钟之本，故为乐之祖，惟天子郊祀上帝则用之，自斋宫诣坛则击之，以召至阳之气。既至，声阕，众乐乃作。"只有当黄钟演奏完毕，其他乐器才能够继续演奏，可见黄钟地位之高。而"金钟"则是指黄金制成的钟，地位相较于铜制黄钟要更高一层，更凸显帝王至高无上的地位和权力。

从另一方面讲，黄钟演奏的声音和其他诸多乐器相比，声调最为宏大，音色最为庄严，"黄钟"也由此成为传统音乐的五音十二律中的第一律，代表着庄严、正大、高妙与和谐。这正与"立以中，明以正，失于过与不及"的琴德有所呼应。魏晋嵇康的《琴赋》中写道："众器之中，琴德最优。"当黄钟渐渐消失于历史，只有古琴的琴音还能保持雅正之德。所谓"情动于中而形于言，言之不足故嗟叹之，嗟叹之不足故咏歌之，咏歌之不足，不知手之舞之，足之蹈之也"，内心激荡的感情仅靠诗词、咏唱不足以体现，而琴音也可像手、足的动作一样表现人的内心。琴名"金钟"，除了彰显皇家贵气之外，更有修身养性、宣导情志之意。龙池左右所刻隶书琴铭"闲邪纳正，导德宣情"，也正是"金钟"之名的最好佐证。

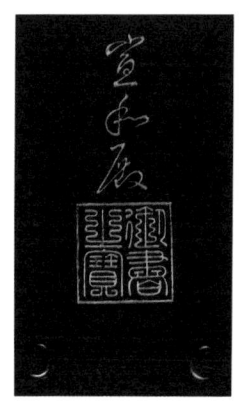

草书"宣和殿"和"御书之宝"印章

之所以判断"金钟"琴是万琴堂中的一员，是因为龙池下方所刻的草书"宣和殿"。而下面九叠文"御书之宝"的大印，则显示"宣和殿"三字可能是宋徽宗亲笔书写而成。尽管在大浪淘沙的历史长河中，"金钟"琴的护轸、琴轸与琴弦不知去向；蚌徽也缺失 7 枚，仅存 6 枚；通体漆黑的琴面也因磨损多处失漆；就连琴背铭刻原有的贴金也散落将尽。但是，若你此时站在它的面前，仍然能感受到那古朴温润、又隐隐透着皇家雍容华贵的气息。

只是，当金军的铁蹄踏入汴京城内，当珍宝与金帛被洗劫殆尽，当一朝天子沦为阶下之囚，甚至客死异国，我们这位"艺术家皇帝"，是否也会痛惜忏悔自己曾在战略上和政治上做过的错误选择？而那张静静地躺在万琴堂的"金钟"琴，见证着泱泱大宋由盛极一时到仓皇南下的历史，看着一张张雍容的面孔逐渐变得紧张而屈辱，温润如它，是否也会感叹一声物是人非呢？

时隔千年，它仍然静静地躺在故宫博物院中。或许它曾经是徽宗皇帝最钟爱的古琴之一，也或许它只有一时御书的光耀，而后便深埋于宣和殿。它是怎样从北宋都城汴梁辗转到北京成为清宫旧藏，其中经历我们无从知晓。当昔日御笔的光环随着时光渐渐褪去，我们如今所见到的它，琴面已经布满牛毛断的纹路。然而"美人在骨不在皮"，千年之后的我们看到这样的传世名琴，除了感受到岁月流逝、感叹彼时之外，更看到了琴被古人所寄托的诸多情感与志向，反映出古人在平凡的生活中对美好事物与风雅趣味的追求。这样的文化传统与精神内涵，不正是忙忙碌碌却又百无聊赖的现代人需要继承并继续探索的吗？

非千年不出的"万壑松"琴

"蜀僧抱绿绮，西下峨眉峰。为我一挥手，如听万壑松。客心洗流水，余响入霜钟。不觉碧山暮，秋云暗几重。"著名的大诗人李白，在听了蜀地的僧人为他弹奏的琴曲后，挥笔写下了这首诗，为我们展现出一幅极为生动的山中听琴图：怀抱着古琴的僧人徐徐下山，挥手便是清越悠远的琴音——宛如清风吹过山谷中的松林，松枝、松针相互碰撞而激出的阵阵潮水般的声音。一曲终了，仿佛心灵也被这琴声荡涤干净，那袅袅的余音绕梁而上，攀上寺庙的洪钟，与庄严的钟声相互交融。原来不知不觉间，薄暮的余晖已经笼罩了苍翠的山林，秋云层层叠叠，又将这暮色向暗推了几分。琴声之宏远、听众之忘我，尽在诗中。

李白这首诗写得妙极，妙就妙在对琴声的描写上。描写的难处并不在于描写有形的事物，因为有实在的东西可以参考；而在于描写那些抽象的、缥缈的东西，它们往往最是让人绞尽脑汁。浪漫主义诗人李白却摆脱了这种烦恼，他用超

北宋"万壑松"琴

强的想象力，从琴声联想到深谷松涛，再到薄暮寺钟，将琴声、松声、钟声融入"我"心，自然而成妙境。

不过，这位浪漫主义诗人一定想不到，在他写下这首诗的三百年后，到了宋代，诗中"万壑松"的意象"火"了，成为当时备受欢迎的琴名之一。单从如今传世的古琴来看，为数不多的宋代古琴，其中就有 3 张以"万壑松"的意象来命名——一张于 1983 年入藏故宫博物院，斫于北宋年间，琴名"万壑松"；另一张名"万壑松风"，斫于南宋时期，现藏于湖南省博物馆；还有一张是私人珍藏，琴名"万壑松声"，是斫于南宋时期的官琴。这还是千年以后的遗存——可想而知，"万壑松"的意象在当时的古琴命名界可以说是风头无两。

北宋"万壑松"琴 琴底

上文提及的 3 张琴中，距今时间最久的是藏于故宫博物院的北宋"万壑松"琴。这张仲尼式的古琴通长 128.6 厘米，隐间 117.1 厘米，额宽 19 厘米，肩宽 20.4 厘米，尾宽 14.9 厘米，厚 5.9 厘米。和许多名琴一样，这张琴也是以桐木作为琴面，以梓木作为琴底，但也有与众不同之处。前文介绍的古琴，琴面大多只有一种断纹，像北宋"石泉"琴的蛇腹断、北宋"金钟"琴的牛毛断，都是单一形态的断纹。而这张"万壑松"琴，除了有蛇腹断、冰纹断、牛毛断几种常见的断纹之外，还有罕见的梅花断断纹。在古琴界，历来以梅花断最为名贵。这种断纹非千年不能有，其纹路圆而攒簇，正如片片梅花花瓣。因为形成不易，通体皆有梅花断的古琴几乎没有，只要琴身的某一部位有梅花断，便可认定为梅花断琴。"万壑松"琴的梅花断断纹在琴头上。虽然数量不多，但其梅花状的纹路清晰可辨，确是一张历史悠久的好琴。

实际上，琴身漆面出现断纹，本是一种缺陷。然而，琴面的断纹意味着此琴年代久远，便受到了好古的琴家和收藏家的青睐。"好古"这一风气，最早来自先师孔子——他曾直接对学生谈到"我非生而知之者，好古，敏以求之者也"，意思是自己并非生来就很有学识，而是因为崇尚古人之风，不断认真学习的结果。宋代推崇文人治国，加之根植于儒家思想的理学的发展，可以说，"好古"更成为文人士大夫"赶时髦"的追求。这一风气也同样带入了古琴界，文人们钟爱弹琴，更钟爱那些年代久远的琴。著名的文学家欧阳修爱琴——他为自己取号"六一居士"，其中就有"琴一张"——也曾对古琴进行研究，谈道："琴面皆有横纹如蛇腹，世之识琴者以此为古琴，盖其漆过百年始有断文，用以为验尔。"可见，古琴的断纹在北宋时期就已经成为鉴定古琴年代的依据之一了。

同大部分古琴一样，"万壑松"琴琴名以楷体刻在龙池上方，龙池右侧则以行草刻了琴铭"九德兼全胜磬钟，古香古色更雍容。世间尽有同名器，认尔当年万壑松"，称赞此琴为琴之上品。琴之所以在君子四艺的"琴棋书画"中位列第一，主要是因为古人认为琴可以培养君子之德。琴有九德——

北宋"万壑松"琴 琴名

北宋"万壑松"琴 琴铭

"奇、古、透、静、润、圆、清、匀、芳",分别从琴的材质、声音、韵味等方面提出了一张好琴应达到的各项标准。而琴之九德,刚好对应着君子九德——按《尚书》的记载,皋陶曾对大禹提出君子九德:"宽而栗、柔而立、愿而恭、乱而敬、扰而毅、直而温、简而廉、刚而塞、强而义。"也是从修心、为人、处事等方面对人提出了要求。到了宋代,"琴能养德"的说法传播得更为广泛,文人们几乎人人配琴——就连穷得"断齑画粥"的范仲淹,求学时也自己配了琴和剑长伴其身。

到了今天,古琴事业日渐衰微,是否也与君子之德的不彰有所联系呢?难以就此得出定论。但是,在物质水平极大丰富的今天,可养"君子之德"的事物除了古琴，理应更多——即使是一粥一饭、一书一笔，只要能以君子之德的标准来要求自己，那么万事万物都将成为"养德之物"，万事万物都将演奏出自己的"万壑松声"。

南宋"奔雷"琴

　　相传远古时期，曾亲尝百草的神农氏看见一只凤凰在梧桐树上休息，树上的其他鸟儿一起叽叽喳喳地叫着，凤凰也情不自禁地叫了起来。那凤凰的声音铿锵有力、空灵悦耳，配合着其他的鸟叫声，形成了一曲非常动人的音乐。神农氏一边欣赏，一边思索：为什么只有栖息在梧桐树上的凤凰叫声最好听呢？难道和梧桐树有关？于是神农氏便砍了一棵梧桐树，去掉首尾两端，用梧桐树的中段来做琴身，用丝绳来做琴弦。经过了反复刮削、打磨、组装、架线、调音等工序，神农氏终于制作出一把五弦琴。从此以后，世界上便有了美妙动人的琴音。

　　自从神农氏将制造琴的办法教给天下百姓，"丝桐"一词便成为琴的别名。一把琴的音色如何，取决于琴身木材的质地。古人在制琴的时候，对琴身所用的木材有"清、松、脆、滑"的要求，相传唐朝制琴世家雷氏更是提出"选材良、用意深、五百年、有正音"的理论。北宋著名的政治家、科学家

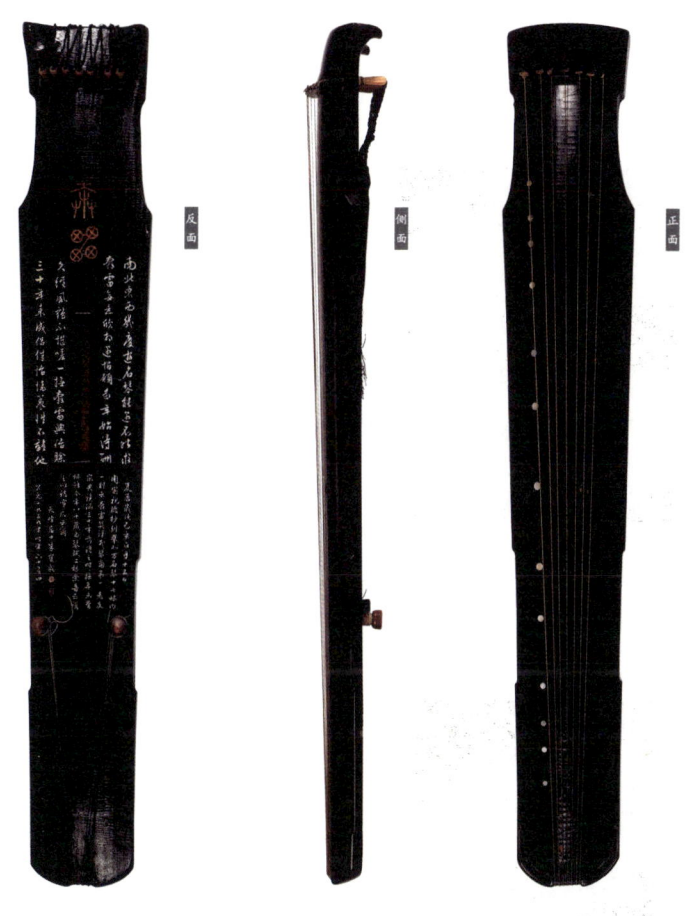

反面　　　侧面　　　正面

南宋"奔雷"琴

沈括所著的《梦溪笔谈》中也说过："且以琴言之，虽皆清实，其间有声重者，有声轻者。材中自有五音……"桐木正是斫琴之首选。后世制琴也多用桐木，南宋的"奔雷"琴也是如此。

"奔雷"琴以黑漆覆琴身，斫以桐木。制琴之桐木，更要

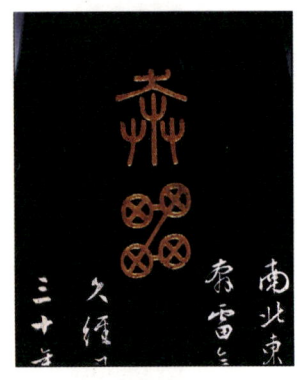

南宋"奔雷"琴 琴名

南宋"奔雷"琴 题跋

选用存放了多年、水分已经全部蒸发干净的桐木,这样琴的声音才会有激昂之感。上好的桐木发音古朴,有金石之韵,年代越久远,音越清。琴的寿命可长达数百年之久。沈括所说:"琴虽用桐,然须多年木性都尽,声始发越。"说的便是这个意思。

"奔雷"琴名刻在龙池上方,用篆书写就。奔雷,本意为声响猛烈且连贯的雷。将一把古琴取以这样的名字,其音色与质感可想而知,必然是声若雷震、余音绕梁。这一点从其琴面牛毛断的纹路亦可印证。宋代漆器文化繁荣,除了古琴之外,其他漆器同样历经千年的风雨,漆面却都完整,不曾像古琴一样遍布断纹。断纹是鉴别古琴年代与优劣的依据之一，因为古琴琴面长年受到琴弦激振，不像其他漆器放置比较"安闲"，故而断纹也有所区别。琴木五百年以上才有纹理，最上等的是龟纹和梅花纹，非千年不能有，极为难得。其次便是"奔雷"琴这种牛毛断，纹理细若牛毛，虽然成千上万，却均匀有致。只有经常弹奏，或是琴弦震动剧烈，抑或兼而有之，再经风雨，才能形成如此细纹。可以想见，当抚琴者指尖翻飞时，"奔雷"所奏之音，必是清如溅玉、颤若龙吟，有摄人心魄之力。

和故宫博物院所藏的大部分宋琴一样，"奔雷"琴也是一张仲尼式的古琴。宋朝推崇文人治国，朝野上下不管是诗词歌赋还是文房雅器，样样都很精通。抚琴这种雅事自然备受推崇，以至于就连不懂音律的商人都要高价购入古琴来彰显自己的文化品位与经济地位。因此从宋朝开始，古琴出现了明确的流派传承，北宋时期最受欢迎的"浙派"就以"质而不野、文而不史"而闻名，他们所用之琴大多是仲尼式古琴。

靖康之难后，宋室迁都至临安（今浙江杭州），文化艺术中心也随之南移。南宋时期的古琴文化更加兴盛，琴的形制也开始有了变化。相对于北宋时期的仲尼式，此时的琴身变得扁平狭小，呈现出耸而狭的样式，逐渐成为南宋时期制琴的主要风格，"奔雷"琴就是其中的典型代表。"奔雷"琴通长 126.6 厘米，隐间 117.2 厘米，额宽 18.5 厘米，肩宽 20 厘米，尾宽 15.6 厘米，厚 5.2 厘米，与我们之前介绍的"金钟"琴相比，显得更加修狭。若说"金钟"琴是位高挑而优雅的大家闺秀，那"奔雷"琴则是一位削肩细腰的窈窕淑女。

作为我国古代"十大名琴"之一，"奔雷"琴早在制造完成后就已经非常有名。宋末元初的词人、文学家、书画鉴赏家周密就将其写进了自己好几本著作之中，还在《浩然斋视听抄·北方名琴》之中将它列为第一。与其他古琴不同的是，"奔雷"琴在制作当时并没有刻下琴铭，取而代之的是收藏家们的作品——在"奔雷"琴制成八百年后，近代收藏家宋镜涵得到了"奔雷"琴，他喜不自胜，提笔在琴的龙池上题诗两首："南北东西几度游，名琴能遇不能求。奔雷无意欣相遇，宿愿多年始得酬。""久经风鹤不堪嗟，一抚奔雷兴倍赊。三十年来成伴侣，怡情养性不离他。"可见，爱琴如命的宋镜涵先生不仅仅把这张"奔雷"琴作为满足自己夙愿的藏品之一，更是将其当作自己的伴侣，用它陶冶自己的性情。而他的好友朱宝成更为他的诗作了题跋："周密《视听抄》列举北方名琴十七床，内一则云'奔雷樊泽民琴，当第一'。老友宋君镜涵三十年前得之，时时抚弄未尝相离，今年八十岁，为琴赋二诗，余喜而镌之，以志雪爪云尔。天峰居士朱宝成。"这更是宋先生爱"奔雷"琴之铁证。

也许古琴的魅力就在于此。无论历经多少光阴，面对着那遍布断纹的琴面，抚摸着那曾被凤凰选择的桐木琴身，拨弄着那绷紧、震颤的丝弦，没有人能逃脱琴声带来的或宁静、或悠远、或激昂的心绪。"不知水从何处来，跳波赴壑如奔雷"——不知北宋时期的文学大家苏轼所著的这一句诗，是否对南宋时期的这张"奔雷"琴的命名有影响。不可否认的是，现如今藏于故宫博物院的"奔雷"琴，在千年以后仍继续激荡着人们的心灵。

乾隆皇帝爱不释手的"松石间意"琴

　　纵观整个中国历史，宋代的文学艺术成就在历朝历代中当属顶尖水平。能获得这样的成就，和宋代皇帝对文化艺术发展的大力支持是分不开的。不仅受宋代以文治国的基本国策影响，而且有宋徽宗这样的"艺术家皇帝"投身于艺术创作，带动朝野上下，形成文艺创作的浪潮。古琴艺术作为君子四艺"琴棋书画"的首位，自然首先得到推崇。当时祭祀或朝贺这些重要场合中所奏的大乐和雅乐，每场要用到一、三、五、七、九弦等不同规格的琴共计80多张，仅是后世流传甚广的七弦琴，就有20余张之多。而宋徽宗本人对古琴艺术的喜爱，除了之前提到的搜罗名琴藏于宣和殿之外，他甚至还亲自命令当时的官琴局按自己的喜好和标准来制琴。"松石间意"琴，便是其中之一。

　　"松石间意"琴，通长126厘米，隐间115厘米，肩宽21.3厘米，尾宽14.8厘米，厚4.7厘米。这张琴的样式与北宋其他官琴常用的仲尼式相仿，但有不同之处——在琴颈和

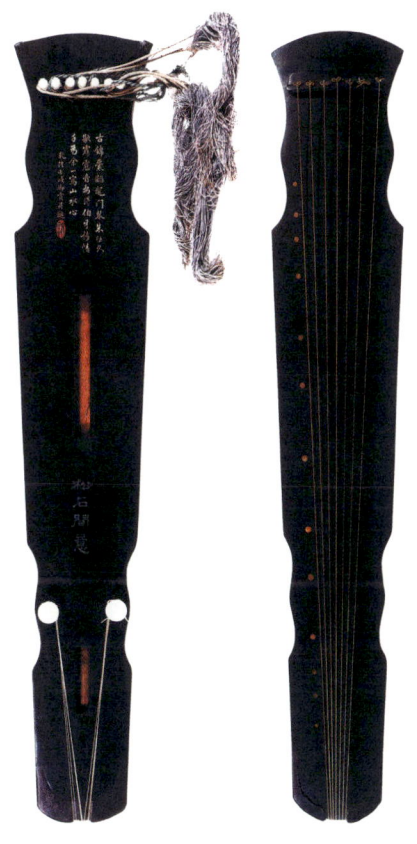

"松石间意"琴

琴腰处，各有两个半月形、向内凹入的弧，而在相交处又以半月形凸出，宛如水波流转，琴形流畅而又"凹凸有致"，别具特色。这种式样没有被记载在《历代琴式》一书中，因此古琴收藏家杨时百先生按其制造年代命名为"宣和式"。

北宋宣和二年（1120），痴迷琴艺的宋徽宗下诏，命东京（今开封市）的官琴局为自己制作了这张"松石间意"琴——当时的它还不叫"松石间意"，这个名字实际上是六百多年之后的乾隆皇帝为它取的。毕竟是御用，以桐木为琴面、梓木为琴底的"松石间意"琴，所用木材皆是上等；所用之漆呈栗壳色，无论是在颜色呈现还是坚实程度上都可谓上等；漆下的灰胎更是以鹿角灰掺以朱砂和金银颗粒，打造成了"八宝灰胎"的效果——使用这种灰胎，让整个琴体灿若繁星，并在不同的光线下呈现出星光流转般的不同色彩，颇有种"大星光相射，小星闹若沸"的视觉效果。整张琴可谓"珠光宝气"，充分体现出皇家"御用"的华贵。

宋代的官琴局所制的琴，往往都有定式。正如明代初年《格古要论》中记载："宋时置官琴局制琴，其琴具有定式，长短大小如一，古曰官琴，但有不如式者俱是野斫，宜细辨之。"屠隆的《琴笺》、项墨林的《蕉窗九录》中亦有"宋有官琴局，制有定式，谓之官琴，余悉野斫"的说法。可以想见，在用琴数量如此之多的徽宗时期，"松石间意"琴甚至在当时没有名字——或许这是因为它仅仅是当时大量官琴其中之一，除此之外，还有 20 余张和它形制相似、大小相同的官琴。它们或是为宏大庄严的雅乐增添一个音符，或是成为某场宴席上的背景音，或是成为宣和殿"万琴堂"中的一员。它们生来就以名贵的身份献艺于帝王家，未曾见过边境的战火与虎视眈眈的敌军。

靖康二年（1127），北宋覆亡。金人在汴京将文物洗劫一空，这些曾经尊贵而耀眼的雅器，也随即消失于战火之中。在此后近六百年的风云变幻之中，这张"松石间意"琴没有显露踪迹。正如"金钟"琴一样，我们无法考证它究竟经历了怎样的颠沛流离，只知道在康熙年间，它已经成为宫廷藏物。雍正四年（1726），按雍正皇帝的旨意，将宫中所藏古琴的琴弦、轸足、穗子等物都进行更换，"松石间意"琴现在的青玉轸足便是那时配上的，并被送入圆明园珍藏。到了乾隆年间，"松石间意"琴被定为头等文物，重新装盒，送与乾隆皇帝品鉴。这位"附庸风雅"的皇帝对此爱不

"松石间意"琴 琴背

释手，还专门为它写下一首七言古诗刻于琴背："古锦囊韬龙门琴，朱弦久歇霹雳音。安得伯牙移情手，为余一写山水心。"在乾隆存世的 6 万余首诗歌中，这是唯一一首以古琴为题材的诗歌，可见乾隆皇帝之偏爱。乾隆皇帝更是按南朝沈约《宋书》中"尝从太祖登钟山北岭，中道有磐石清泉，上使于石上弹琴，因赐以银钟酒，谓曰：'相赏有松石间意。'"的记载，为此琴取名为"松石间意"琴，也同样刻于琴背。到这里，这张徽宗年间御用的名贵古琴，才终于有了名字。

倘若宋徽宗泉下有知，听说六百年后的清朝皇帝是自己的知音，不知会做何感想呢？

瓷与箫，人与自然的巧妙结合

"中国"的英文名字"China"，本身是瓷器的意思——这想必是个人尽皆知的"热知识"。早在三千多年前我国就已经有了原始瓷器，作为劳动人民的重要创造，瓷器的制造技艺不断发展，到了距今一千多年前的宋代，可以说已经到达了巅峰。此时国家的政治、经济、文化发展水平都在同步提高，整个社会一片欣欣向荣。这一时期烧制瓷器的官窑与民窑并立，不仅有汝窑、官窑、哥窑、钧窑、定窑等"五大名窑"，还有耀州窑、磁州窑等也颇具特色的瓷窑，烧制的瓷器百花争艳，出现了诸多流派，其风格和特点各有不同，是我国手工业、制造业史上的黄金时代。

瓷器中的盘、碗、瓶等日常用具，在日常生活中最为常见也最受欢迎，但瓷器的表现形式可不止这些。1990 年 9 月，在安徽望江县的护城村，发现了一座北宋时期的墓葬。这一墓葬中，出土的陪葬品有 50 多件，大多是一些陶瓷器。其中，最引人注目的是一件陶瓷乐器——青白瓷箫。这件瓷箫通长

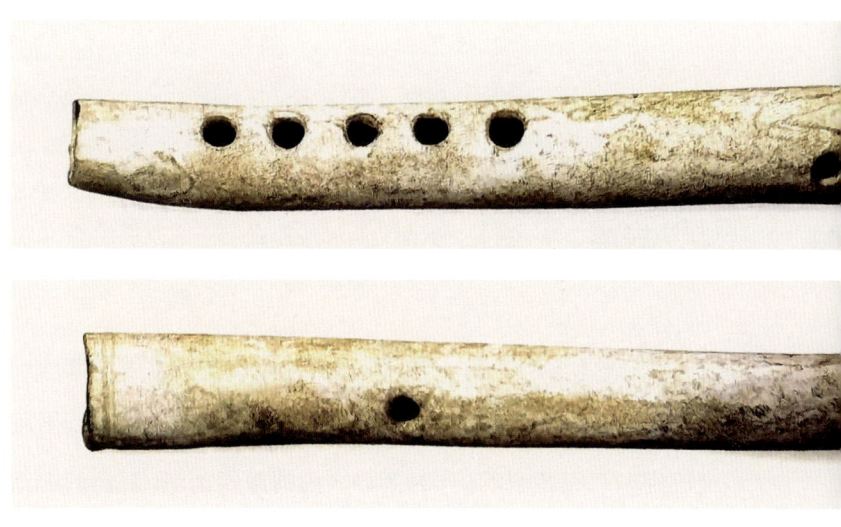

青白瓷箫

20 厘米，较粗的一端口径约 2.5 厘米，稍细的一端口径约 2 厘米。一侧排列有 5 个等距小孔，另一侧仅有 1 个。它的制作和造型非常精致秀美，历经千年而完好无损，至今仍可吹奏，其音清幽悦耳。如此精细而历久弥新的创作，北宋瓷器烧制艺术之精妙，可见一斑。

仔细观察这件瓷箫，虽然岁月为之蒙上了一层暗尘，但我们仍然能看到整件瓷器通体洁白细腻，宛如白玉；釉色晶莹明澈，在不同的光线下呈现不同的效果——总能在雪白中隐隐显出青色来，仿佛湖面之水光。这种瓷器就是宋代享有盛名的青白瓷。青白瓷也叫"影青""隐青""映青"，顾名思义，指的是釉色介于青、白两种颜色之间，青中泛白、白中透青的一种瓷器，以瓷仿玉，是我国传统瓷器中的珍品。

这种瓷器以北宋年间景德镇所产为代表。《景德镇陶录》中讲道："景德镇，宋景德年间烧造，土白壤而埴，质薄腻，色滋润，真宗命进御，瓷器底书'景德年制'四字，其器尤光致茂美，当时则效，著行海内，天下盛称景德镇瓷器。"可见，北宋时期的景德镇烧制的瓷器，是经过真宗皇帝"法眼"的，并为真宗所喜爱，也广受人们的欢迎。于是天下各窑纷纷效仿，不但江西南丰、吉安等地也开始青白瓷的烧制，就连湖北、广东、福建等地的瓷窑，也开始"赶时髦"。青白瓷的烧造从此进入了鼎盛时期，这也奠定了景德镇"千年瓷都"的卓越地位。

青白瓷最早就是为了仿制玉器而生，大量烧制以至于当时出现了一大批"假玉器"。这些"假玉器"也渐渐出现在宋代诗文之中。像宋代著名的才女李清照在她的《醉花阴》词中就写道："佳节又重阳，玉枕纱厨，半夜凉初透。"其中的"玉枕"指的就是"以假乱真"的青白瓷枕。可以说，青白瓷已经成为北宋重要的文化符号之一。

而这支瓷箫的出现，更让人们看到青白瓷在北宋应用之广泛。箫有着悠久的历史，早在汉代，许慎就在《说文解字》中记载："箫，参差管乐也。象凤之翼。"最早的箫其实是我们现在所说的多管并排的排箫，按照竹管的大小次序排列，从而吹奏出不同音调的声音。后来，箫又和笛"共用"了名字，正如朱熹在《朱子语类》中所说："今之箫管，乃是古之笛，云箫方是古之箫。"云箫者，排箫也。到了宋代，箫作为单管洞箫的统称，和排箫、横笛已经各自有了明确的定义。

箫在文人心中的形象和地位可以说几乎仅次于古琴，关于箫的诗文和故事也大量流传，足见文人士大夫对其钟爱。箫与琴也常常一并出现，共成雅事。比如，金庸先生著名的武侠小说《笑傲江湖》中，就塑造了曲洋与刘正风两位琴箫共鸣、互为知音的音乐家形象。不过，琴、箫二者不同的是，古琴被认为和君子之德相映照，因此琴的作用大多是宣导性情、表达心志，类似于文学上的"诗言志"，是古代传统士大夫政治理想的象征；而箫由于其"如怨如慕、如泣如诉"的声音特质，往往善于表达情感，类似于文学上的"词言情"，成为士大夫抒发个人内心情感的手段和寄托。因此，箫在宋词中出现的频率也极高。像柳永《合欢带》中的"况当年，便好相携，凤楼深处吹箫"，晏几道《浣溪沙》中的"翠阁朱阑倚处危。夜凉闲捻彩箫吹"，都是通过箫声来表达与情人分离的痛苦和思念。正因如此，箫这一乐器也在历史的发展中，不断被赋予哀情的含义。

　　安徽望江县宋墓中所葬的究竟是谁，就目前现有的资料来说，仍需要进一步的整理和研究才能够确定。而这支瓷箫作为陪葬品，随着墓主人一同深埋于地下，想必不是主人生前爱不释手之物，便是为他筹备后事之人寄托哀情和思念的载体。但无论是前者还是后者，这支瓷箫都为我们展现了墓主人生前之风雅，和生者在生离死别时的悲伤与怀念。千年已逝，那幽咽的箫声已不再响起。可是从那瓷箫中流淌而出的深情，不也仍存在于当代人们的心中吗？

气韵清雅，
宋代的文房清供

宣笔纵横，于万千毛中取一毫

在书写工具方面，与其他国家相比，我国的毛笔可以说是独树一帜，且无可替代的。相传，公元前 223 年，秦国的大将蒙恬为了方便、及时地向秦王嬴政上奏或汇报军情，摒弃了用刀笔在竹简上刻字的书写方法，将战士武器上的红缨系在竹管上，蘸取颜料将字写在白色的丝帛之上，这就是毛笔的前身。后来经过不断的改良和演变，古人们才发明了用兔、羊、狼等动物毛发配以枯木做成的毛笔，从而大大提高了书写效率。晋崔豹在《古今注》中记载："蒙恬始造，即秦笔耳，以枯木为管，鹿毛为柱，羊毛为被，所谓'苍毫'。"这也是蒙恬造笔的传说。

经过千余年的发展，到了宋代，伴随着文人大量增多，毛笔的形制在频繁的使用中已经十分成熟，并且根据用途不同分成了各种类别，像散卓笔、鸡距笔等，不一而足。毛笔不易保存，无论是笔头、笔杆还是笔芯，都比较容易风化，就算在已出土的明清时期的文物中也是凤毛麟角，更不要说更为久远的宋代了。

1988 年，在合肥市城南乡朱岗村发现一座夫妇合葬墓。经过考证，墓主人是北宋徽宗时代的马绍庭及其夫人吕氏，距今已有 900 多年。在这座墓葬中，出土了文房四宝中的其中三宝：笔、墨、砚，弥足珍贵，被评为国家一级文物。尤其是毛笔，在该墓葬中共出土了 5 支，都放在文具盒中。这 5 支笔的笔杆和笔套都是竹子制成，大多已经弯曲，式样和形状同现代的竹制毛笔相差无几。麻制的笔芯因为相对较韧，因此仍有残留，但长短不一。而笔头虽然未能留存下来，但笔杆和笔套上都能看到残存的墨痕，可见这几支作为随葬品的毛笔是墓主人的日常使用之物。

其实 1976 年在江苏省武进县村前乡蒋塘村 1 号墓也出土过南宋的笔。笔管及笔套由芦秆制成，丝质笔头，插入笔管的一端用丝带包紧，笔头露丝束，这种丝束笔头，可以更换。通长 26.5 厘米。

作为封建时代的文艺巅峰，宋代对书写和绘画的需求极大，对笔的需求自然也水涨船高。这时也诞生了一些制笔名家，如欧阳修在《圣俞惠宣州笔戏书》中写道："宣人诸葛高，世业守不失。"这里所提到的就是宣州（今安徽宣城）的诸葛高，家中世世代代都是制笔的，他做出的笔"硬软适人手，百管不差一"，即笔头软硬程度拿捏得到位，且所制的笔形制几乎没有差别，深受文人喜爱。因此，诸葛高做的笔也被称为"诸葛笔"，就连宋代著名的文学家、书法家苏轼也是诸葛笔的"粉丝"。不同于后来颇负盛名的湖笔，其实在唐宋时期，这些制笔名家大多集中在宣州一带，元朝以后，湖笔才取代了宣笔，作为新兴的名笔而受人追捧。

毛笔的结构，大致可以分为笔杆和笔头。若是直接将兽毛绑在笔杆上，虽然能够写字，但这样写出来的字迹就没有笔锋。因此，汉代时对毛笔进行改进，在笔头中间加入一个用硬毫制成的笔芯，这样的笔头就很有弹性，写出字来也会有

常州市武进宋墓毛笔

一个尖锐的笔锋，增添美感。这种笔被称为"心副式"，广受文人的欢迎，并一直延续到宋代。后来，在宋代流行一种"散卓笔"，就是将中心的硬毫和部分软毫放在一起做成一个较大的笔芯，这样的笔写出字来笔锋较长，作品体量也会相对较大。大文豪苏轼偏爱老式的"心副式"笔，而他的学生，"苏门四学士"之一的黄庭坚则更喜欢新式的"散卓笔"。从传世作品来看，苏轼的书法作品体量偏小，而黄庭坚留的作品体量则较之更大，这和他们用笔的不同可能也有关系。

比较有趣的是，在马绍庭及其夫人吕氏墓中所发现的笔，是从夫人吕氏的棺内出土的。这就意味着，这几支毛笔应是夫人吕氏的日常使用之物。由此可见，宋代士大夫所推崇的审美风尚，并不只局限在士大夫圈子之内，一些女子也受到这种风气的影响，以文才或艺能为贵。宋朝也出现了诸多的才女，除了最著名的李清照，还有女词人朱淑真、黄庭坚的姨母李夫人、滕子京的侍妾、苏轼的侍妾等。因此，在宋代夫妻合葬墓室中，文房用具也会在女性的墓中出现。虽然因笔芯、笔头皆有受损，难以判断马绍庭及其夫人墓中出土的这几支究竟是何种毛笔，但单从将日常使用的毛笔作为随葬品，我们仍能感受到墓主人生前对文学艺术的不断追求。这是宋代能够以文学艺术方面的成就在五千年历史中与众不同的原因，更是宋人的魅力所在。

叶茂实制"寸玉"墨

在文房四宝"笔墨纸砚"当中，墨看起来最为特殊。它不同于另外三宝，使用后的形式与使用前并不相同——笔、纸、砚在使用过后，仍然保持着其本来的形态；而墨却不一样，它需要经历从墨块到墨汁，再到墨迹的过程，最终停留在纸上，以书写或绘制的形式流传下来，是一种非常"抽象"的存在。历来的出土文物之中，墨块单独出场的概率始终都不太高。

1976 年，在江苏省武进县村前乡蒋塘村的南宋墓中，出土了半枚宋代所制的长条形墨块。这件珍贵的文物看起来有种"五彩斑斓的黑"——墨色极黑，却泛着光泽，在光线之下仿佛熠熠生辉。出土的墨块长 5.5 厘米，宽 2.2 厘米，厚 0.5厘米。它的上半段已经不知所踪，下半段正面贴印的金字完整的也只有一个"玉"字。从"玉"字向上还有一个残缺的字，可辨为"寸"，据此取名为"寸玉"墨。"寸玉"墨的墨块背面有印刻的长方形框，框内有模印，可清楚辨识的有"实

叶茂实制"寸玉"墨

制"二字,外加上面残余的笔画,看起来是个"茂"字。专家们推测,这块墨应当是由南宋的制墨名家叶茂实所作。

叶茂实,南宋时期的制墨名手,四川人。历史上关于他的详细记载并不多,只有《墨史》中提到他"善制墨""茂实造软帐,烟尤轻远,其法用暖阁幂之以纸帐,约高八九尺,其下用碗贮油,炷灯烟直至顶,其胶法甚奇"。在人工制墨出现之前,人们使用天然或半天然的墨来进行书写,主要有天然石墨或烧过的鼎、鬲下面积累的炭黑。早在五千年前的仰韶文化时期就已经出现了这样原始的天然墨,到了秦汉时期才出现真正意义上人工所制的墨。墨的主要成分，就是炭黑和胶质。以 1975 年湖北云梦睡虎地秦墓出土的墨块为代表，当时的墨主要是松烟墨，是以松木被火烧过之后产生的炭灰为原料，通过烧烟、筛烟、熔胶、杵捣、锤炼等多种工序制成，还要添加香料或烟叶，以防虫蛀。这种墨使用时色彩很浓，质地细腻且容易研磨，逐渐成为文人们的"心头好"。但松烟墨的墨迹缺少光泽，更重要的是为了制墨，造成了大量的古松树被乱砍滥伐的情况。正如宋代的晁说之在《墨经》当中所说的一样："自昔东山之松，色泽肥腻，性质沉重，品惟上上，然今不复有。今其所有者，才十余岁之松。"原材料逐渐匮乏，用墨的需求却与日俱增，对于制墨工艺的改革已经迫在眉睫。

到了宋代，文人数量增多，对于书写的需求就更加迫切。不能烧木头，还能用什么来制取炭黑呢？聪明的宋人想到，油在燃烧之后也能出现炭黑。徽州婺县的张遇，通过桐油燃烧取烟，再加入胶质成墨，率先发明了油烟墨。用油烟墨书写、绘制的书画，相比于乌黑的松烟墨要更具光泽，在表现人物、花鸟、书法气韵上都别具一格，迅速成为墨中新秀。张遇更是在墨中加入了麝香、金箔等材料，制成的墨研磨起来香气四溢，写在纸上更是光彩照人，因此其墨也被称为"龙香剂"，深受宫廷皇室的喜爱，成为墨中极品。张遇本人也以

"供御墨"闻名于世，而他的传奇，更为日后徽墨的崛起奠定了基础。要知道，"文房四宝"在最初可是特指宣笔、徽墨、宣纸、歙砚的。

宋代的文化经过百余年的发展，也推动着制墨工艺不断进步，到了叶茂实所在的南宋时期，制墨工艺更加成熟，名家辈出。宋代见诸史册的制墨名家多达 100 余人，张遇、潘兴、吴滋、戴彦衡等人都很具有代表性，叶茂实也在其列。他率先使用纸帐来取烟，在帐下设置油碗，将烟收集到帐顶，再用独特的方法以胶质使产生的炭黑凝结起来，独具创意。他制造的墨书写起来非常流畅，"无胶滞之患"。宋代的王迈还专门为他写了一首诗《试墨·柯山叶茂实》："柯山叶茂实，胶法颇精坚。潘李今何处，斯人得正传。"在诗中将他同"墨仙"潘兴和南唐的制墨名家李廷珪两位相比，可见对他的盛赞。

墨作为文人们的案头之物，更是学习、工作和生活中的重要伴侣，自从北宋建立以来，宋代的士大夫便广泛地参与到了制墨手工业之中。北宋的苏轼、黄庭坚，南宋的陆游等人都有参与制墨的经历，甚至"艺术家皇帝"宋徽宗也曾亲自制墨——他燃烧苏合油后取烟制墨，做成的墨被称为"墨妖"。对于墨的赏析和评鉴，也带上了更多文人书卷的气息。像沈珪所制的墨在元代陆友所著的《墨史》中被称为"以意用胶"，就是典型的例子。此外，宋代的制墨典籍也大量出现，李孝美的《墨谱法式》三卷就是这一时期的著作，也是现存的制墨工艺书籍中最早的一本。

人类选择墨来作为书写工具，最大的原因就是因为这种材料不易消失，且容易保存，时隔千年，只要纸张不腐，墨迹就依然能完整如新。宋代的书画作品得以大量留存，除了其本身基数较大之外，和制墨工艺的进步想必也有一定联系。虽然江苏省武进县的墓葬，其墓主人的信息还有待考证，但想来也应是一位风雅的文人。这块叶茂实亲制的墨，对于宋代的制墨工艺、社会生活和书画艺术的研究有着重要的价值和意义，又何尝不是墓主人为如今热爱宋文化的知音留下的珍贵礼物呢？

北宋名臣滕子京家的抄手砚

"庆历四年春，滕子京谪守巴陵郡。越明年，政通人和，百废具兴，乃重修岳阳楼，增其旧制，刻唐贤今人诗赋于其上，属予作文以记之。"相信绝大多数人，第一次听说滕子京的名字，都是在他的好朋友范仲淹所写的千古名篇《岳阳楼记》当中。

滕子京，原名滕宗谅（991—1047），子京是他的字，河南府（今河南洛阳）人。他曾担任大理寺丞、左司谏、天章阁待制等职，向来为官清廉，性情刚直——不然也很难同两袖清风的范仲淹成为好友。作为从好友文章中出名的"北宋名臣"，他的仕途可谓是格外坎坷，一生不顺。他经历了多次贬谪、起用、再贬谪的动荡，先后几次从京中被贬往地方任职。但无论身在何处，他都能够克己奉公，将所辖之地治理得"政通人和"。这样一位百姓的父母官，死后葬在了哪里呢？

似乎是因为钟情于青阳的九华山水，身为河南洛阳人的滕子京，选择在安徽青阳建立自己的家族墓地。1992 年 12 月，在青阳县新河镇光荣村金龟原处，发现了滕子京的家族墓地。在这处墓葬中，出土了诸如青白瓷盏、葫芦形瓷瓶、铜钱等诸多文物。而其中最引人注目的，就是一方长方形"抄手式"的石砚。

这方石砚长 8.3 厘米，宽 5.1 厘米，高 1.6 厘米，通体呈青灰色，质地细腻而洁净，有使用过的痕迹。砚台在我国有着悠久的历史，是从石器的研磨发展而来，最早可以追溯到新石器时代。到了宋朝，由于文人治国的基本国策，对于书写的需求远远盛于其他朝代。要书写，则要有笔墨纸砚这"文房四宝"。伴随着笔和墨的发展，人工制墨推行以后，墨块就可以直接在砚台上研磨。于是砚台也随之发展，出现了铜制、陶制、银制、木胎漆砂等多种材料的砚台。发展到宋代，砚台的制作工艺大大提升，文人们对砚台的材质、颜色、纹理等都提出了更高的要求。

宋代砚台形制多样，而最具时代特色的砚台形式便是"抄手式"的石砚。这种形制是从唐代的"箕形砚"发展而来的，砚台的底部呈镂空的形态，方便手持。这种设计是因为当时的文人还没有专门用于写作的书案，砚台需要经常移动。如果是平底的砚台，从桌上拿起来的时候就不太便捷，而且

非常容易脱手滑落。将底部设计成镂空状，就可以很方便地将砚台从桌案上端起来，移动到他处。

"抄手砚"大多呈长方形，线条简约古朴，形制严谨庄重，一般前窄而后宽，前低而后高。虽然底部呈梯形镂空，但砚面非常平整，高度适中，便于提笔研墨。因为方便用手"抄起"，这种形式的砚台便被命名为"抄手砚"，又称为"插手砚""手抄砚"或"太史砚"，也是宋代存世最多的砚台形制。

有趣的是，这方石砚是在滕子京的妾室李氏的墓穴中发现的。而已发掘的滕子京家族墓地，共有5间墓室，却都不是滕子京本人的。或许是因为墓葬地曾经修筑公路，导致墓穴被毁。总之，滕子京本人的安眠之所如今我们已经无法看到原貌。但从其妾室也通文墨这一点来看，滕子京治家也必有书香门第之风。刚正不阿的滕子京，也许正如这一方棱角分明的石砚，无论是不被赏识还是遭人陷害，无论遇到多大的磨难和困苦，他都不肯妥协，一心怀揣着忠君爱国、修身齐家治国的政治理想，把自己的热血播洒在神州大地上。

在他去世之后，相传好朋友范仲淹为他书写墓志铭，提到他"积书数千卷以遗子孙""政尚宽易，孜孜风化""主略边方，智谋横来""在……四郡，并建学校""其育人之孤、急人之难多矣"等事迹，为我们塑造了一位"佼佼士君子，巍巍大丈夫"的伟大形象。即使时隔千年，我们也能透过文物，去感受、感悟这样的拳拳爱国之心。

"不持一砚归"的有力证明

清代小说《三侠五义》堪称中国武侠小说的开山之作，这本小说叙写北宋时期包拯铁面无私、屡破奇案和侠士除暴安良的故事，充分反映了封建社会时期人民对于风清气正的政治环境的追求。书中的包拯以廉洁著称，是民间流传的包拯形象的集大成者。不过，故事终究是故事，到底历史上真实的包拯是否像传说中一样英明正直，不负百姓对他的爱戴与拥护呢？

1973 年，出土于安徽省合肥市大兴集包绶夫妇墓的一块歙砚，为我们透过历史迷雾、了解真实的包拯提供了线索。这块抄手歙砚长 17.1 厘米、宽 10.8 厘米、高 2.1 厘米，砚面呈长方形，中有椭圆形砚池，四侧内敛，砚底开深凹槽，是典型的宋代抄手式砚台，现藏于安徽省博物馆。

安徽歙县的歙砚与甘肃洮州的洮河砚、广东肇庆市的端砚、山西新绛县的澄泥砚齐名，并称为中国"四大名砚"。歙

合肥大兴集包绶夫妇墓砚台

砚备受南唐后主李煜青睐，李煜视之为"天下之冠"，曾一度设置专门的官员对歙砚的原材料歙石的开采加以监管。两宋文人之风盛行，人们对文房四宝的需求量大大增加，这也充分推动了砚台制造工艺的进步，四大名砚就是在这时从诸多砚台中脱颖而出的。

既然是"四大名砚"之一的歙砚，想必这块砚台即便没有丰富精致的纹理，也必定是选材讲究的上等品吧？非也。这块砚台的砚石呈灰黑色，质地较硬，造型也十分简洁，没有纹理，不仅不能算得上"精致"，甚至可以说它平平无奇、制作粗糙。事实上，它确实就是由当时民间手工艺人所制，并非出自什么名匠之手。但偏偏就是因为它平平无奇，反而使它显得更为珍贵，原因全在它的主人身上。

合肥大兴集包绶夫妇墓，墓主人之一的包绶，是"包青天"包拯的次子，历任太常寺太祝、大理评事、濠州团练判官、宣义郎、少府监丞、国子监丞、宣德郎、六品通直郎、汝州通判、六品朝奉郎等职，病逝于前往潭州任通判的途中。五岁被宋仁宗封为太常寺太祝，几年后升为大理评事，亦曾做过汝州通判，掌握过一州粮运、交易、诉讼、监察等事项的包绶，不说"三年清知府，十万雪花银"，按说衣食无忧总是十分容易吧？然而据传说，在包绶去世后，人们在他的行李中找不到一件值钱的东西，除去任命状、书籍、文具和他的著述等随身物件之外，只有 46 枚铜钱。甚至他去世后，儿女年龄尚小加之家徒四壁，包绶的遗骸只得就近葬在黄州附近，一家老小依靠官府和姑丈的接济才勉强度日。直到 16 年后，包绶的遗骸才被重新葬入合肥大兴集的包氏家族墓中。

关于砚台，包绶的父亲包拯也有一段美谈，至今被人们口口相传。据说包拯曾在端州任知州三年，而当时的端州盛产同属四大名砚的端砚，朝廷每年都要收取一定的端砚作为贡品。然而当地官员常常加收贡品数量，导致当地民不聊生、经济凋敝，至于多收的端砚，自然被官员纳入了自己的腰包。包拯上任后，严令禁止，朝廷定额之外的端砚一块也不多收，连自己用的都是上任时带来的砚台，同时采取减免劳役赋税等方式减轻当地民生压力，备受当地百姓爱戴。包拯离任时，当地百姓出于尊重，为包拯制作了一方端砚，想要赠送于他。深知包拯性格的砚工偷偷将砚台塞到了包拯的书箱内，直到船离岸后才被包拯发现。包拯当即决定将这方砚台丢入江中，留在了端州境内，这便是包拯"不持一砚归"的故事。

据《能改斋漫录·包拯家训》的记载："包孝肃公家训云：'后世子孙仕宦，有犯赃滥者，不得放归本家；亡殁之后，不得葬于大茔之中。不从吾志，非吾子孙。'共三十七字。其下押字又云：'仰珙刊石，竖于堂屋东壁，以诏后世。'又十四字。珙者，孝肃之子也。"包绶夫妇墓出土的这块抄手歙砚，也从侧面印证了"不持一砚归"故事的可能性，更同时展现了包拯、包绶父子二人的高尚气节。

包拯是中国历史上著名的清官，他的名字，是中华民族代代相传的清正廉洁的代名词。他去世时，"京师吏民，莫不感伤；叹息之声，闻于衢路"，全国上下莫不震惊悲痛。包绶也是廉洁勤政的代表，离任汝州通判时受到百姓的夹道相送。而在其墓的发掘过程中，考古人员注意到包绶的棺木是同平民葬式相同，直接埋入土里的，随葬品也多为随身物品，没有什么金银珠宝之类的值钱东西。若不是有墓志铭在，怕是很难料到此间埋葬的人竟是包拯的次子。

包拯父子两代人清廉为官、勤政为民,体现了中华民族几千年来薪火相传的精神,既有包拯这种清廉为官、勤政为民的伟大人物,也有包绶这种重传承家学,使民族精神绵延不断的传承者。"清心为治本,直道是身谋。秀干终成栋,精钢不做钩。仓充鼠雀喜,草尽兔狐悲。史册有遗训,毋贻来者羞。"包拯这首《书端州郡斋壁》,是他与次子包绶的真实写照,更是无数心怀民众者的座右铭。透过这首诗,我们似乎还能看到千年前包拯将端砚投入水中时的决绝,看到包绶行至黄州大限将至壮志未酬时的无奈,看到无数仁人志士为民、为国鞠躬尽瘁、死而后已的身影。而这一切,都将激励着当代的我们继续前行。

北宋箕形紫金石砚

文人之间的友情是怎样的？是高山流水的伯牙子期，还是"生我者父母，知我者鲍子也"的管鲍之交，抑或是"唯梦闲人不梦君"的元稹和白居易的深情？其实，在宋代还有一对因为一方砚台而引发了"生死之争"的"损友"。

谈到北宋的文学家，有一位绕不过的大文豪——苏轼。这位大文豪虽然诗文书画俱佳，但是因为陷入了北宋党争，他的政治生涯实在是不怎么顺利，曾经三次被贬，分别去了黄州、惠州、儋州，都是偏远之地。尤其是儋州，即今天的海南岛，在交通不便的宋代，那里可谓是一片荒蛮之地。苏轼在那里居住多年，直到北宋建中靖国元年（1101），才得到大赦，准备从儋州返回京城。在回京的路途上，苏轼专程前往真州——也就是今天的江苏仪征——去拜访好朋友米芾。米芾是北宋著名的书法家，曾任校书郎、书画博士、礼部员外郎，还和蔡襄、苏轼、黄庭坚一起，合称为书法"宋四家"。苏轼比米芾大 14 岁，与米芾亦师亦友，对他多有提携，同时也是相

交 20 多年的朋友。根据翁方纲《米海岳年谱》的记载:"七年壬申九月,苏子瞻自扬州召还,元章知雍丘,具饮饷之。既至,则又设长案,各以精笔佳墨纸三百列其上,而置馔其旁。子瞻见之,大笑就座。每酒一行,即伸纸共作字。以二小吏磨墨,几不能供。薄暮,酒行既尽,乃更相易携去,自以为平日书莫及也。"可见,两人举止之亲密,友情之深厚。

　　这样的一对好朋友,怎么会因为一方砚台闹到"生死之争"的地步呢?难道这方砚台是名贵的、所谓"砚中魁首"的端砚吗?意外的是,这方砚台在宋人的眼光中其实并不名贵。这就要从这方 1973 年在元大都遗址中出土的、现存于首都博物馆中的北宋箕形紫金石砚说起了。顾名思义,这方砚台以紫金石制成,整体造型类似簸箕,呈铲状,底部有两足,两足支撑的一侧较高也较平缓,用来研墨,而后墨汁便可自

北宋箕形紫金石砚

然流至另一侧。砚台背面还有米芾的铭文，虽然已经斑驳，但
其刚劲有力的书风犹在："此琅琊紫金石所镌，颇易得墨，在
诸石之上，自永徽始制砚，皆以为端，实误也。元章。"意思
是说，这方砚台是用琅琊的紫金石制成，用来研墨时出墨很
多，甚至在其他砚石之上；从唐代永徽年间的制砚开始，人
们都认为端砚是最名贵的，实际上是错误的。确实，在宋人的
品砚著作中，无论是苏易简的《文房四谱·砚谱》，还是高似
孙的《砚笺》，或者唐询的《砚录》，都认为端砚和歙砚价值
更高。唯有米芾的《砚史》记载道："紫金石砚，与右军砚无

异，端出其下。"而他的《宝晋英光集》中也写道："吾年老才得紫金石，与余家所收右军砚无异，人间第一品也，端、歙皆其下。"不难想见，米芾对砚台的偏好与普通人不同，他对紫金石砚是钟爱有加的。

作为一种富有观赏和收藏价值的历史名石，紫金石其实在唐代就已经非常盛行。紫金石根据产地，又有琅琊紫金、吉州紫金、寿春紫金三种分类，而适合做石砚的，仅有琅琊紫金一种。琅琊是大书法家王羲之的故乡，因此紫金石又称"右军乡石"。紫金石一般呈紫色或猪肝色，中间夹杂着青绿或红黄色的花纹，有的还会含有一些圆眼、晕染等纹理。将紫金石映日而看，则可见石头表面如布繁星，非常美丽。琅琊紫金质地坚硬，且细腻而温润。北宋杜绾的《云林石谱》中写到紫金石："紫金山石出土中，色紫，琢为砚，甚发墨，叩之有声，余家旧有风字样砚，特轻薄，皆远古物也。"清代的郑板桥也评价过紫金石砚："南唐宝石，为我良田，缜密以粟，清润而坚，麋丸起雾，麦光浮烟，万言日试，倚马待焉，降尔遐福，受禄于天，如山之寿，于万斯年。"可见紫金石作为砚台的原材料也颇受欢迎。

作为紫金石砚的"超级粉丝"，米芾自然收藏了不少紫金石砚。苏轼这趟来真州，最大的收获就是米芾的一方紫金石砚。两人在真州久别重逢，分外激动。宴饮之际，米芾拿出东晋名士谢安的《八月五日帖》，准备笔墨，请苏轼题跋。苏轼看着米芾所用的紫金石砚，石质细腻温润而发墨极快，确是一方宝砚，爱不释手。临走前，他向米芾借去了这方紫金石砚。可世事无常，仅仅过了一个月，苏轼就在常州因病离世。临终前，苏轼嘱咐后人，将这方紫金宝砚陪葬，希望九泉之下仍可将之置于文房中。看来，这方紫金石砚也俘获了大文豪苏东坡的"芳心"。然而，大书法家米芾此时却做了一件出人意料的事。闻讯赶来吊唁的米芾，除了表达自己的哀思之外，竟然向苏轼的后人要回了这方紫金石砚，随后还作了一篇《紫金研帖》，写道："苏子瞻携吾紫金研去，嘱其子入棺，吾今得之，不以敛。传世之物，岂可与清净圆明本来妙觉真常之性同去住哉？""清净圆明本来妙觉真常之性"是佛家用语，苏轼本人受到佛家思想的影响很深，经常与出家人谈禅论道。此处的"清净圆明本来妙觉真常之性"意指佛家思想中的"无相"，即一切色、声、香、味、触、法都是虚妄，鼓励追求一种"空"的、摒弃世俗欲望的境界。米芾此意是说，苏子瞻平时谈禅论道，应有对于"无相"的追求，像紫金石砚这类传世之物，怎能与佛家的"无相"的境界同归一处呢？

看来，大文学家和大书法家也有不讲理和小气的一面，对这方砚台的争夺可谓是"生死之争"了。不过，若非友情深笃，也不会出现这些逸事。不知苏米二人所争的那方紫金石砚和流传下来的这方箕形砚台是否是同一方砚台，但透过这方石砚，我们似乎也能看到千年前智者的形象跃然于眼前。他们也不再是课本中遥远而又严肃的模样，而是和普通人一样有温度、有情感，活生生地站在历史的光芒中。也许，这就是文物的意义之一吧。

文天祥"玉带生"砚

"紫之衣兮绵绵，玉之带兮潾潾，中之藏兮渊渊，外之泽兮曰宣，呜呼！磨尔心之坚兮，寿吾文之传兮。"这是南宋爱国诗人文天祥在自己随身携带的"玉带生"砚的砚盖上所镌。这方砚台四周有一圈白色的环绕纹理，所以得名"玉带生"。又因为整体像鞋形，也被称为"履式砚"。这方砚台以端石所制，长 17.4 厘米，宽 5.3 厘米，厚 3.6 厘米，整体呈紫灰色，墨池和砚堂连接在一起，墨池上方刻有"玉带生"三个字。作为南宋末年著名的政治家、文学家，文天祥也是一位标准的"美男子"——正史上都记载着他"相貌堂堂"。文天祥小时候曾在学宫看到祭祀的乡贤杨邦乂、胡铨、欧阳修的画像，他们的谥号都是"忠"，文天祥就在此立下志向，将来要成为像他们一样的人物。

宋理宗宝祐四年（1256），也就是在文天祥 20 岁的时候，他考中了进士。因为在殿试的时候表现优秀，宋理宗钦点他为进士第一名，成为状元。当时宋理宗见到文天祥的名字就夸赞他："此天之祥，乃宋之瑞也。"文天祥生活在南宋末期，这时候的宋朝已经走向了衰亡。自从南宋和蒙古结盟联手灭掉金国后，缺少了金国制衡的蒙古大军直接南下，威胁着南宋的都城临安。这时的南宋朝廷危如累卵，财政、军事力量都极为薄弱，因此只好号召各地发兵勤王。乱世当头，许多大臣都准备逃命，没人响应朝廷的号召。只有文天祥奉诏，变卖家产、千金散尽，招募了一支万人的义军，以文人的身份到达都城临安，开启了戎马生涯。

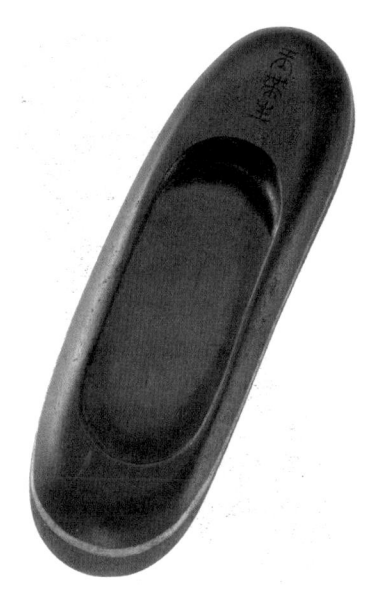

文天祥"玉带生"砚台

文天祥"玉带生"砚台 背面

　　文天祥率军苦战，南宋朝廷却有意投降。元军将领指定由丞相出城商议。没想到，当时的丞相陈宜中竟然连夜逃跑，撇下了偌大的朝廷。在这样的危急时刻，文天祥挺身而出，担任枢密使，不久上任右丞相兼枢密使出使议和。说是议和，结果文天祥到了元营，却把元军的将领痛斥了一番，慨然表示要抗战到底。遂被扣留，又被押乘船北上，所幸在镇江成功逃脱。脱险后的文天祥开始重整兵马，准备反击。可惜的是，这时的南宋朝廷已经彻底失去战意，最后终于向元军投降。尽管如此，仍然有一批忠臣义士不死心，拥立皇帝的弟弟作为新帝，成立了一个小朝廷。可是这个小朝廷一直被元军追杀，在陆上无法立足，只好生活在一艘船上，被称为"行朝"。此时的文天祥再次起兵，率军抗元，但终是不敌，再次被俘。

文天祥始终铭记自己儿时立下的志向，坚守忠君报国的理想。因此，即使被元军俘虏后，忽必烈亲自劝降，但文天祥

文天祥"玉带生"砚台 拓片

始终以宋臣自居，不肯背叛自己的祖国。崖山海战之后，文天祥选择从容就义，终年47岁。

数年的俘虏生活，让文天祥最终留下的遗物极少，这块"玉带生"砚是其中之一。这方砚台是南宋爱国诗人刘辰翁赠与他的。刘辰翁与文天祥、陆秀夫、谢枋得等人都是要好的朋友，志同道合，都立志誓死捍卫南宋朝廷。陆秀夫更是在崖山海战中背着小皇帝跳海身亡，可见其志之坚。这方饱含着同道期望、代表着爱国精神的砚台，文天祥一直带在身边。景炎二年（1277），文天祥又将这块"玉带生"砚转送给他的幕府参谋谢翱。后来文天祥就义，谢翱死后这块砚台不知所踪。清代诗人朱彝尊有幸在朋友宋荦家里见到文天祥的这块"玉带生"砚，这时他已经77岁了，心怀对文天祥的敬佩之情，慷慨激昂地写下一首《玉带生歌》："玉带生，吾语汝：汝产自端州，汝来自横浦。幸免事降表佥名谢道清，亦不识大都承旨赵孟頫。能令信公喜，辟汝置幕府。当年文墨宾，代汝一一数：参军谁？谢皋羽。僚佐谁？邓中甫。弟子谁？王炎午……吾今遇汝沧浪亭，漆匣初开紫衣露。海桑陵谷又经三百秋，以手摩挲尚如故。洗汝池上之寒泉，漂汝林端之霏雾。俾汝畏留天地间，墨花恣洒鹅毛素。"

后来几经辗转，乾隆皇帝得到了这方砚，非常喜爱，就把它收藏在三希堂中。三希堂是乾隆皇帝的书房，三希指的是："士希贤，贤希圣，圣希天。"士人想要成为贤人，贤人想要成为圣人，圣人想要成为知天命之人。在此可以看出乾隆皇帝自我勉励之意。乾隆还在三希堂收藏了很多大家名作，比如王羲之的《快雪时晴帖》、王献之的《中秋帖》、王珣的《伯远帖》等等。由此可以看出乾隆皇帝对这块"玉带生"砚的珍爱，对文天祥也有仰慕之意。所以他在砚台的背面镌刻《御制玉带生歌》，共有 169 字，通篇赞美"玉带生"砚的特别之处，更赞扬了文天祥舍生取义、为国尽忠的不朽精神。

据说，文天祥就义时围观的有上万人，不过他神情淡然，朝南方拜了两次。文天祥离世多年后，他的幕府参谋谢翱登上了浙江桐庐境内的严子陵钓台，伤心欲绝，后来写了一篇《登西台恸哭记》："余恨死无以藉手见公，而独记别时语，每一动念，即于梦中寻之。或山水池榭，云岚草木，与所别之处及其时适相类，则徘徊顾盼，悲不敢泣。又后三年，过姑苏。姑苏，公初开府旧治也，望夫差之台而始哭公焉。又后四年，而哭之于越台。又后五年及今，而哭于子陵之台。"文中表达了对文天祥刻骨铭心的悼念。斯人已逝，只有这方"玉带生"砚给予谢翱唯一的慰藉。而千年之后的此时，这方"玉带生"

砚也静静地躺在台北故宫博物院，向人们传递着文天祥身上这份忠心耿耿、救国于水火、慨然赴死的凛然大义。这大概就是中华文明绵延五千年而不绝的内在精神吧！

蓝田四兄弟与贺兰石砚

作为我国特有的文房用具，砚台在我国的历史相当久远，其中也不乏名砚。从唐代开始，就产生了"四大名砚"的说法，分别是甘肃洮州的洮河砚、广东端溪的端砚、安徽歙县的歙砚和河南洛阳的澄泥砚。不过，有些砚台虽然不在"四大名砚"之列，但也别具特色，贺兰石砚就是其中之一。

2005 年，陕西蓝田县五里头村中的一座古墓被盗。破案以后，考古专家对其进行抢救性发掘，出土了大量精美文物。其中一方抄手式的贺兰石砚格外引人注目。这方石砚整体呈豆绿色，伴有天然俏红色的边缘，在众多文物中显得别具一格。之所以叫作贺兰石砚，是因为制砚所用的材料是贺兰石——我国宁夏地区的特产石料。贺兰石又称吉祥石、碧紫石，是"宁夏五宝"之首，又被誉为宁夏"蓝宝"，产于宁夏贺兰山海拔 2600 米左右的悬崖之上。这种石头的质地莹润细腻，一般有绿、紫两色相互交错，确实是石中瑰宝。用它制成的砚台研磨出墨很快，且十分耐用。若将砚盖盖上，存于其

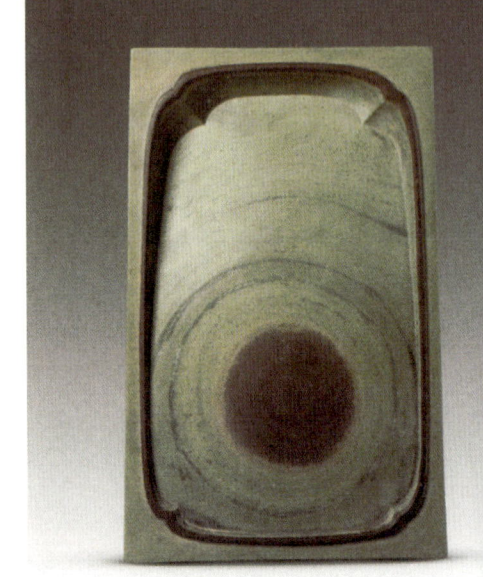

陕西蓝田吕氏家族墓俏色贺兰石风字砚

中的墨三天之内不干不霉，因此非常名贵。

　　由于石料的特殊性，贺兰石砚的雕刻讲究"相石"和"俏彩"。"相石"指的是，一块石料，其质地、纹理、大小、形状等都会对成品产生影响，因此要"因势象形"，雕刻出的砚台才能别具情态。"俏彩"则是指在雕刻过程中，要注意绿色和紫色石料的不同位置和层次，从而通过颜色的交错和重叠，勾勒出不同层次的图案，让绿色和紫色纹理相互衬托，重点突出且十分美观，价值自然也就更高。

　　能收藏如此贵重的砚台，可以想见，墓主人必定身处世家大族。的确，这一家族中的兄弟四人，都是在《宋史》中有传记、在北宋赫赫有名的人物——吕大忠、吕大防、吕大钧、吕大临，合称"蓝田四吕"。他们出身于儒学世家，除了弟弟吕大临外，另外三人都曾经在朝廷为官，吕大防还作为保守派，参与了废除王安石变法的"元祐更化"事件。而吕大临在学术上的成就最高，先拜关学大师张载为师，后拜理学大师程颐为师，还与谢良佐、游酢、杨时一起被称为"程门四先生"，著有《礼记解》《大学解》《孟子讲义》等，对宋明理学的发展做出了极大的贡献。就连南宋的大儒朱熹也评价他"于程子门人中最取吕大临"，甚至将他和程颢相提并论，可见其学术成就之高。除此以外，吕大临还是我国著名的金石学家。他所撰写的 10 卷《考古图》，收录并记载了当时青铜器、石器、玉器 200 余件，每件都配有摹画的图和介绍其基本情况的短文，是我国历史上第一部研究青铜器的参考著作，对我国金石学的发展起到了奠基性的作用。可惜的是，吕大临年仅 47 岁便不幸早逝，葬于陕西蓝田的家族墓葬中。

不过，关于贺兰石到底是什么时候拿来制砚的，却众说纷纭。最早的一种传说同"蒙恬制笔"有关，说是当年蒙恬造笔的同时，应该已经有砚的出现；又因为传说蒙恬是在宁夏黄河处屯兵，和贺兰石的产地较近，因此而产生联系。但这种传说没有历史根据，也无史料记载。最早以贺兰石制砚的记载是清朝乾隆年间的《宁夏府志》："笔架山在贺兰山小滚钟口，三峰矗立，宛如笔架，下出紫石可为砚，俗呼贺兰端。"所谓"一端、二歙、三贺兰"的美誉，也出现在清朝。而关于贺兰石开采的记录，也到了清朝康熙年间方才得见。可见，贺兰石在宋代并没有大规模的开采，那么这方抄手贺兰石砚，是怎样在诸多石料中被选中，而又怎样雕刻成砚并进入了北宋"蓝田吕氏四兄弟"的墓中？贺兰石砚在宋代的价值和影响到底如何？这些问题或许还需要更多的研究来替我们解答。

疯狂进阶的石头——端砚

　　作为四大名砚之首，来自广东肇庆市的端砚自古以来便享有盛名。因肇庆市在唐代名为端州，出产于该地的砚就被称为端砚。端砚石质地坚实细密、软硬适中，因此研墨的时候出墨极快且不易干，写字时墨色也不容易变化或褪掉。最神奇的是，上好的端砚用手轻按其上，水汽久久不干，也因此有"呵气研墨"之名。因此，自从唐代以来，端砚便成为文人们的宠儿。李肇在《唐国史补》中写道："内邱白瓷瓯，端州紫石砚，天下无贵贱通用之"，可见其广受欢迎的程度。大文豪苏轼也对端砚赞叹不已："砚之发墨者必费笔，不费笔则退墨。二德难兼……"能够二者得兼的，想必也非端砚莫属了。

　　到了宋代，端砚一直名声在外，因此成了皇家贡品。有些腐败官员在任上也会搜刮百姓的端砚，作为自己上位的垫脚石。相比于重实用的唐代端砚，宋代端砚的形制和样式都比唐代要丰富。除了注重砚石本身的石质和纹理之外，还重视对砚石的雕刻，呈现出多样化的面貌。但重外观而轻实用的人，大多不是端砚的真正使用者，而是在意其鉴赏和收藏的价值，为端砚蒙上了一层功利性的面纱。不过，虽然世风如此，但真正的文人仍崇尚"大巧不工"的美学，偏好复古而实用的端砚。

1958年9月，在广东潮州市的郊外，笔架山东麓的龟山上的北宋刘景墓中，就出土了这样的一方端砚。该砚长15.5厘米，宽10.4厘米，厚2.45厘米，整体呈长方形，抄手式，以灰色端石制成。抄手式砚台虽为宋代特色，但此砚上无过多花纹雕刻，整体显得古拙而质朴，的确有"大音希声"的意味。

墓主人刘景是广东海阳县人，他的父亲刘允曾是北宋哲宗绍圣四年（1097）的三甲进士。作为刘允的二儿子，刘景的仕途也比较顺利——他担任过台州、南雄二州的地方长官，后又被敕封为银青光禄大夫，还被赐予了开国男的爵位，是一位受到传统儒学教育的士子。根据墓碑显示，这座墓葬应是刘景及其四位夫人的合葬墓，但经过发掘，墓内却只有刘景一人的棺椁，另四位夫人葬于何处，不得而知。

作为进士的儿子，出身于儒学世家，又是宋代的官员，

北宋刘景墓端砚

刘景自然是宋代文人士大夫的典型代表。而将自己日常所用
的砚台随葬，亦能体现宋代文人对文学和艺术一生不断的追
求。这一点，也体现在端砚制作的匠人精神中。端砚的制作流
程复杂，要求极高。传统的每一方端砚都是手工制作，历经采
石、选料、设计、雕刻等七八道工序才能制成。现代端砚制作
虽然有了专业的工厂，有些环节可以通过机器来完成，但是
一些重要的核心工序，仍是通过手工来完成的，比如雕刻、打
磨等。匠人用心之作同机器的统一制作自然有所不同，这也

是端砚历经千年，仍能为人称道的原因所在。这份敬业、专注而精益求精的精神，传达出了匠人精神中最重要的内涵。而这样的内涵通过器物传递给宋代文人，同宋代文人打磨自己的文学艺术作品和提高精神境界的追求是相互影响且相辅相成的，共同构成了宋人精致典雅的精神面貌。

在宋代，不同于文人的特殊待遇，匠人的地位仍然比较低下，大部分技艺的传承仍然依赖口传身授，呈现出明显的家族和师徒传承的特征，难以开展大规模的生产。然而从事手工业的匠人们也从未怨天尤人，而是脚踏实地做好自己的工作。可以说，宋代文化的发展离不开文人的创作与追求，也离不开匠人精益求精的制造；以史为鉴，当今文化的发展亦离不开文艺工作者和手工业者共同的努力。

如今，我们应当比宋人进步的是，不以宋代文人的清高姿态去面对凭手艺吃饭的匠人。尊重每一个劳动者的努力，继承这份敬业而专注的精神，才能共同创造一个高速发展、社会和谐的现代中国。

"仲举澄泥"铭砚的由来

唐代以来,无论是农业、手工业还是商业,无论是经济还是文化,江南地区的发展都走在全国发展的前列。扬州这一江南名城,地处长江三角洲,历史悠久、人杰地灵。古称广陵、江都的扬州,不但以"鱼米之乡"的身份带动全国经济发展,保证粮食供应,更是文脉兴盛,出现了许多历史文化名人,至今还保留着大量的名胜古迹。

从唐代开始,扬州的地位不亚于现在的"北上广深",是毋庸置疑的一线城市。到了北宋,因为北宋都城在汴京(今河南开封),地位较唐代略有下滑。但因为历史上多年的积累,经济十分发达,仍是北宋当时重要的经济中心。"经济基础决定上层建筑",在繁荣经济的支撑下,扬州的文化发展也是全国领先的。

"文房四宝"的出土数量和质量,最能够佐证一个城市当时文化的发展状况。1998 年,扬州市郊城北三星村宋墓

"仲举澄泥"铭砚

出土了一方北宋的"仲举澄泥"铭砚。这方砚台高 3.2 厘米，
虽然看起来整体呈正方形，但实际上两侧有微微倾斜的弧度，
砚面长 17 厘米、宽 16.8 厘米，砚底长 16 厘米、宽 15.6 厘米，
形状为倒梯形。砚池呈"回"字形内凹而包围中间砚面，中
间砚面为正方形，边长 8.5 厘米。

澄泥砚虽然位列"四大名砚"之一,但与众不同的是澄泥砚并非石砚,而是陶砚。澄泥砚从唐代开始兴起,是用质地较细无沙、且经过澄洗的泥加工后烧制而成。这样烧出的澄泥砚与石砚质地相似,都有宛如婴儿肌肤一般的细腻柔润质感;而且和其他名砚一样,在砚中发墨速度快,蘸墨时不会损伤笔头,砚中的贮墨也不容易干掉。更有趣的是,不同于石砚在制作和雕刻时需要按照石料本身的特性进行构思,澄泥砚可以根据原料和烧制时间的不同,制作出各种不同的颜色,比较典型的有"鳝鱼黄""蟹壳青""豆沙绿""玫瑰紫"等,都是上佳之品。形制也比石砚要丰富得多,圆形、方形,甚至还能塑造其他各种不同的形状。雕刻主题上也更加多样,除了珍禽异兽、草木花卉、山水人物,甚至能雕出一些故事,展现的内容范围很广。清朝的乾隆皇帝就极爱澄泥砚,不但推为国宝,还称赞它"抚如石,呵生津"。

扬州出土的澄泥砚,因为砚底有"仲举澄泥"的印文,故名"仲举澄泥"铭砚。"仲举"之词来自汉代陈蕃的典故。"仲举"是陈蕃的字,据《后汉书·陈蕃传》记载:"陈蕃字仲举,汝南平舆人也。""自蕃为光禄勋,与五官中郎将黄琬共典选举,不偏权富,而为势家郎所谮诉,坐免归。顷之,征为尚书仆射,转太中大夫。八年,代杨秉为太尉。""窦后临朝，诏曰：'……前太尉陈蕃，忠清直亮。其以蕃为太傅，录尚书事。'"东汉的陈蕃，官至太傅，向来忠诚清正，光明磊落，以正直谏言著称于当时，最终却因为反对朝中宦官执权，参与除宦的行动失败而被杀。陈蕃死后，"仲举"一词便成为朝廷栋梁、柱石之臣的代称，唐诗中"茂先实王佐，仲举信时英"所用的就是这一典故。

到了近千年之后的宋代，不知这位扬州士人于朝政中见到了怎样的事情，要立志做一位宋代的"仲举"，还将"仲举"铭刻于砚底，必是希望以常用之物时时提醒于己。今天我们见到的这方砚台，砚池边缘尚有残留的墨迹，可以看出这位士子一定经常用它研墨，辅助自己写出了不少针砭时弊的文章。宋代文人对政治的关切可见于此。奉行着"修身齐家治国平天下"的士大夫们，也正是凭着一腔热血，时时刻刻提醒自己成为新时代的"仲举"。如今的现代人，能做当代"仲举"的方式已经不仅只有入仕一条途径。只要人人能在自己的岗位上尽忠职守，只要人人能发挥自己的所长为国家出力，那么人人都将成为"仲举"，成为可以燎原的"星星之火"，成为国家的栋梁之材。

涩不留笔、滑不拒墨的四大名砚之一——歙砚

砚，最早是一种研磨器，人们把石器的一面磨平用来研磨。汉代刘熙在《释名》中说："砚者，研也，可研墨使和濡也。"直到人工制墨技艺的出现，作为研磨器的砚台才真正意义上地成为一种与之配套的用具而随即发展起来。最早的砚台注重实用性，没有太多的装饰和花纹，对石料也没有太多讲究。随着文人基数的增长和审美风尚的变化，砚台的设计也逐渐趋于繁复，雕工也更加精致，逐渐成为一种集绘画、雕刻等于一体的艺术品，更成为文人们观赏把玩的雅器。

到了唐宋之际，砚台的发展空前繁荣，还出现了"四大名砚"的说法。出产自安徽的歙砚，可以说是四大名砚中名气最广的一个，更在后来成为"文房四宝"中砚的代表。1952 年，在安徽省休宁县老县城中发现了南宋名臣朱晞颜及其夫人的墓葬，出土的文物除了备受关注的玉器和金器之外，还有诸多文房用具。一方圆形的三足歙砚就是其中之一。

朱晞颜夫妇墓圆形三足歙砚

制作歙砚所用到的石料亦产于歙州，称为歙石。据宋唐积《歙州砚谱》记载："龙尾山，亦名罗纹山，下名芙蓉溪，石坑最多，延蔓百余里，取之不绝。"歙石的花纹独具特色，有鱼子纹、罗纹、金晕纹、刷丝纹等，质地均匀细密，可以说是天生的制砚石料。自唐以来，歙砚驰名四海，受到诸多书法家和文人们的喜爱。甚至在南唐时期还设立了专门管理歙砚的机构，其中的官员被称为"砚务官"。

《歙州砚谱》中记载道："至南唐，元宗精意翰墨，歙守又献砚并荐砚工李少微，国主嘉之，擢为砚官，令石工周全师之，尔后匠者增益颇多。"著名词人、南唐后主李煜为之赐予"甲天下"的美名；大文豪苏东坡更是对歙砚留下了"涩不留笔，滑不拒墨，瓜肤而縠理，金声而玉德"的评价；宋代书法家米芾也曾提到歙砚"金星宋砚，其质坚丽，呵气生云，贮水不涸"；南宋的赵希鹄也称歙砚"细润如玉"。文人们对歙砚的钟爱程度，可见一斑。

安徽朱晞颜夫妇的墓葬中出土的歙砚，是一方圆形三足石砚。这种形制的砚台历史非常悠久，最早可见于汉代。整体形状呈较扁的圆形，砚池下有三足，等边等距，形似古代的鼎。圆形石砚在生活中也颇受欢迎，扁扁的圆饼形的砚池让

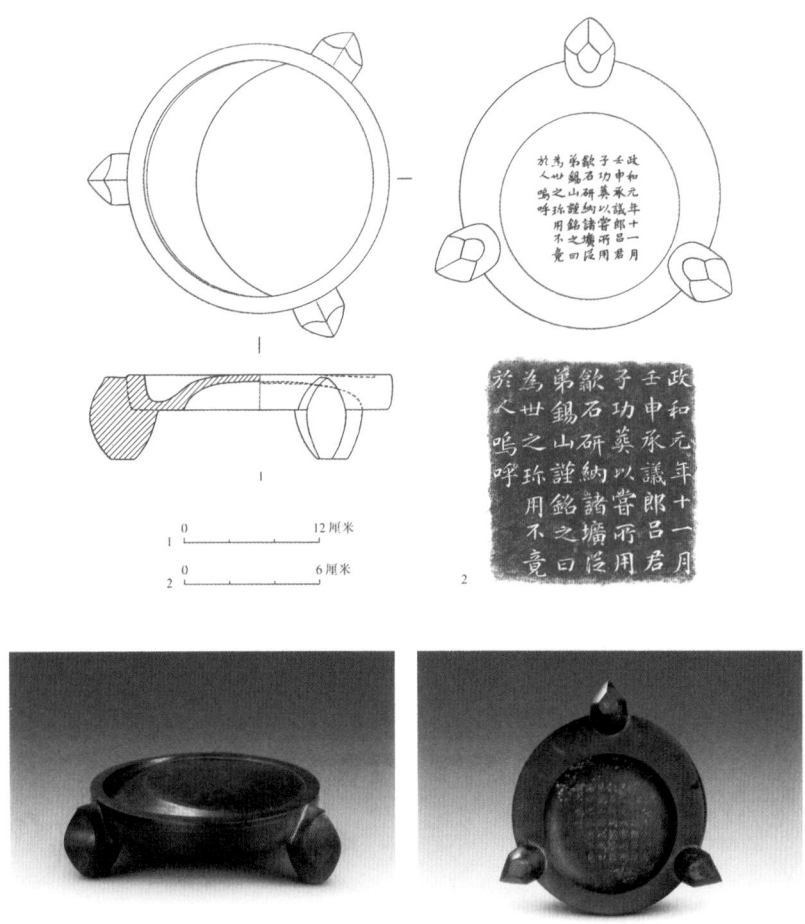

1

2

| 0 | | 12 厘米 |
| 0 | | 6 厘米 |

2

陕西蓝田吕氏家族墓三足歙砚

笔尖蘸墨的范围更大，而池下的三足又将其垫高，能在写字
者蘸墨时提供一个舒适的高度，从而提高写字的效率。2010
年发掘的陕西蓝田吕氏家族墓地中，也出土了一方圆形三足
石砚，说明这种形制的砚台在两宋使用甚广。

作为南宋名臣，墓主人朱晞颜（1132—1200）于宋孝宗隆兴元年（1163）考上进士，而后任靖州永平县的地方长官。在这里，他的政绩斐然，受到了当地百姓的爱戴，百姓们还为他建立了生祠。后来，他又两次到桂林为官，都为百姓着想，做出了不少成绩。宋代盐铁由官府专卖，不准平民私自生产、运输，而广西地区的盐要经过很久才能运到，官府卖盐的机构漕司又经常懒政，导致人民无法及时吃上官盐。这时，走私盐商就会哄抬食盐价格，让普通百姓无盐可吃，苦不堪言。朱晞颜与提举广西盐事王光祖商议对策，采取切实有效的措施，"讲究盐策，上便宜事数千言，革客钞科抑之患，广右民赖以安"。从此，广西地区的食盐供应得到了保障。

除了政治身份，朱晞颜同时还是一位优秀的诗人和词人，留下了不少作品，他的词作《一萼红·盆梅》借助梅花的清幽和高洁，写出了自己的心怀："玉堂深。正重帘护暝，窗色试新晴。苔暖鳞生，泥融脉起，春意初破琼英。夜深后、寒消绛蜡，误碎月、和露落空庭。暖吹调香，冷芳侵梦，一晌消凝。长恨年华婉晚，被柔情数曲，抵死牵萦。何事东君，解将芳思，巧缀一斛春冰。那得似、空山静夜，傍疏篱、清浅小溪横。莫问调羹心事，且论笛里平生。"

盆中梅花，自然不如那空山静夜、疏篱小溪的野梅；身处腐败的南宋官场，自然也比不上乡间闲云野鹤的自由。不知这首词的初稿，是否是朱晞颜在这方三足歙砚的陪伴下写成的呢？

文人收藏把玩的珍宝——龙尾歙砚

宋代徽州的地理范围不仅包括今天安徽的歙县，还囊括了今天的绩溪、黟县、祁门、休宁、婺源，是一个位于安徽、浙江、江西三省交界的地区。产出歙砚之石的龙尾山，就在如今的江西婺源县溪头乡。

宋人唐积曾在《歙州砚谱》中记载："婺源砚，在唐开元中，猎人叶氏逐兽至长城里，见叠石如城垒状，莹洁可爱，因携以归，刊粗成砚，温润大过端溪。"龙尾山上的龙尾石是制砚的上佳之品，从唐代就有了开采记录。但是龙尾石的开采却非常艰难，宋人在《歙砚说》中讲到了龙尾石的开采过程："麻石三尺，中隐砚材数寸而已，犹玉之在璞也。坑往往在溪涧中，至冬水涸，合三二十人方可兴工，每打发一坑，不三数日必雨，雨即坑垄皆湮塞，较其工力，倍金银坑中取矿者，此其所以贵也。"可见，龙尾石不仅数量稀少，而且开采比金银还要花费数倍的工力。

也正因如此，以龙尾石为原料制成的砚都价值不菲，成为文人梦寐以求之物，死后将其随葬的也屡见不鲜。1973年，在江西婺源县庄门店村，曾出土一方南宋时期的长 11.7 厘米、宽 5.8 厘米、高 3 厘米的抄手式龙鳞纹龙尾歙砚。歙砚的纹理大致有罗纹、眉纹、金星、金晕、鱼子等五大类，或如丝绸，或如夜空，或如鱼卵，千姿百态。而龙鳞纹属于其纹理中的稀品，整体纹路细密有致，宛如龙鳞。这件龙鳞纹抄手歙砚，两边都有这样的龙鳞纹饰，若用光照着看，则更加清晰。因为纹路的影响，整块石砚虽然看似不甚平整，但摸起来又十分光滑莹润，非常珍贵。早在唐代，龙鳞纹的歙砚就开始作为贡品，为皇家所用，民间是非常稀少的。到了宋代，随着整体生产力和砚石开采技术的提高，珍品歙砚也流传到了民间，成为文人们收藏把玩的珍宝。

墓主人张敦颐（1097—1183），字养正，是南宋时期徽州婺源人。在绍兴八年（1138）考上进士之后，先后担任了南剑州教授，舒州知州、衡州知州等职。作为宋代文人的典型代表，张敦颐著述颇丰，有《柳集音辨》《衡阳图志》《六朝事迹类编》等。据专家检测，张敦颐随葬的这方龙鳞纹歙砚，至少使用了 20 年，死后也与其同穴，可见张敦颐对它的钟爱。

张敦颐墓龙鳞纹抄手龙尾歙砚

宋代文人除了文学之外，往往于书法、绘画等领域也有造诣。若将砚台置于桌案上，在书写草书或绘制大幅作品时，容易在纸上滴墨，影响美感。抄手式的砚台符合人体工学的原理，可以方便把手插入砚台下方，将砚台放置于手掌之上，随身移动。因此，这种砚台逐渐流行，甚至成为宋代砚台标志性的形制。在造型上，这方歙砚整体呈上窄下宽的形状，线条流畅，以三七分的方式划分整体的格局，极具典雅的美感。

在北宋徽宗宣和三年（1121），歙州被改名为徽州，行政机关设立在安徽歙县。但歙砚却没有改名为徽砚，而是依然以本来的名字流传至今。现在的龙尾山上，原来的采石老坑已经停止开采，新坑所产的砚石数量不多，且出于保护性的原因，也很有可能随时停止开采，因此歙砚在今天也是价值不菲的文房藏品。

今天我们所称的"文房四宝"，更多是以收藏和鉴赏的眼光来看，而宋代文人们，常常喜欢叫它们"文房四士"或"文房四友"，将之视为文房中的伙伴。而至今已发掘的宋墓，出土文物中以砚的数量最多。除了砚不易损坏、历久弥新的原因之外，也缘于宋人对砚的重视。或许在宋代文人看来，砚更像是一位性情温润而极有原则的雅士，这与宋代士大夫的人格理想是一致的。

生则同道，死则同穴。对于宋代士大夫而言，这大概也不失为一种浪漫吧。只不过，在这种浪漫的背后，又有多少人曾经注意到，文房之外大宋王朝悲壮覆灭的预兆，早已蕴含在积贫积弱的现实中了呢？

水晶剑环式镇纸

在桌椅盛行之前，古人读书办公往往是席地而坐，即在地面铺上竹席，人坐在竹席上，配以矮小的案几来阅读和书写。竹席铺在地上，若是人的动作幅度大一些或是大风天气，边角容易翘起，古人就找一些重物用来压住席角，把它们称为"镇"。后来，人们渐渐改变了坐的方式，原来的席镇的用法也随之改变，用来压帷帐等物。苏轼的诗句"夜风摇动镇帷犀"，"镇帷犀"说的就是压着帷帐的犀牛形状的重物。进入文房之后，"镇"便用来压纸或绢帛，这便是"镇纸"。

镇纸，也叫镇尺、压尺或书镇，历史非常悠久，甚至可以追溯到南北朝之前。据《南史》记载："帝尝以书案下安鼻为盾，以铁为书镇，如意甚壮大，以备不虞，欲以代杖。"现代常见的镇纸一般呈长方形，但也有其他各种形状，不同的镇纸之间风格迥异。有些镇纸上面会镌刻劝学的名言、诗句或各类花草木石、珍禽异兽。材质也十分多样，不但有木、金属等材质，也有各类玉石和珍宝。

江苏常州武进村南宋墓水晶剑环式镇纸

  1978 年，在江苏常州武进村发现一座南宋墓葬，其中出土了一对水晶镇纸，保存非常完整。这对镇纸整体呈椭圆形，无色透明，通透无瑕。镇纸中间有一孔，呈剑环形——剑环就是宝剑入鞘时与剑鞘相接的环首。

  水晶作为一种稀有矿物，以二氧化硅为主要成分，在纯净时呈现出通体透明的结晶体，是一种很贵重的宝石。因为其晶莹温润、素净无瑕的特点，成为一种圣洁和祥瑞的象征。在古代，水晶甚至比玉还要稀少。它被认为是由水或冰转化而来，拥有"水精""水玉""玉晶""千年冰""马牙石""水碧石""放光石"等诸多美称，还作为一种"辛寒无毒"的药进入《本草纲目》，"穿串吞咽中，推引诸哽物"，还具有"安心明目、去赤眼、熨热肿、益毛发、悦颜色"的功效。水晶也常常被用来打造各种宫廷器皿、饰物。《资治通鉴》中记载："闽主作紫微宫，饰以水晶。"就是用水晶来装饰宫殿的典型例子。

宋代以来，水晶这种素净清雅之物也受到了文人的推崇和喜爱。文人们将它制成常用物品放在书房，因此产生了水晶砚台、水晶笔洗、水晶笔山、水晶镇纸等各类文房用具，不但采其吉祥圣洁的寓意，更是希望能以这种纯净之物来涤荡内心，到达"心清"的境界。"直如朱丝绳，清如玉壶冰"，宋人的审美和生活情趣，都与"清"字有着很密切的联系。体现在饮食文化中，是尚"清淡"、重养生的风气，甚至有人以花为食，称为"清供"；体现在审美取向上，则是对于天青、月白等素淡颜色和简约风格的偏爱；体现在文学艺术上，是在自然和平淡中求得一份"清雅"的品味；体现在人格上，是对于"清美"人格的执着追求。

两宋时期，虽然儒家思想占据了主导地位，但我国本土宗教道教和传入的佛教，都对当时的文人产生了一定的影响。对"清"的追求除了体现出儒家思想中所包含的"真"的理念之外，还有道教中对于"自然"的理解和佛教中重精神而轻物质的特点。因此，宋代文人除了强调积极的政治追求之外，还与道士、佛教僧人交好，经常与他们交流和探讨。比如大文豪苏东坡和他的僧人朋友佛印，不但历史上有记载，甚至还有很多后人杜撰的故事，可见这对朋友知名度之高。苏东坡和他的弟弟苏辙的启蒙老师，也是一位道士。可见，儒释道虽早在魏晋南北朝时期就已有合流，但是在宋代，三种思想结合得更加紧密、难以分离。

也或许正是因为多种思想的碰撞，才使得宋朝迸发出惊人的文化力量，无论在物质生活还是精神生活中，无处不蕴含着宋代文人的清雅之意。但这份对清雅的追求，最终也难以抵挡凶悍铁蹄，让偌大的大宋王朝消失于历史长河。透过这曾被掩埋千年的文物，我们才回想起这清雅的余音。

铁镇尺——"镇"住人心之"尺"

除去"文房四宝"笔、墨、纸、砚之外，镇尺作为文房中镇书、镇纸的常见用具，也颇受古代文人的喜爱。古人袖大袍宽，在写字、作画时很是不便，镇纸便应运而生。随着时间的推移，镇尺这一类物件脱胎出来，成为文房用具中必不可少的一分子，逐渐走上了历史舞台。到了宋朝，社会上文化与学术的繁荣也体现在了镇尺的发展上。

宋王君玉《国老谈苑》中记载："以柏为界尺，长数寸，谓之隔笔简。每御制，或飞宸翰，则用以镇所临之纸。"可知，宋人亦常用它在书写时确定行距。虽然时移势易，两宋时期的镇尺大多随着时间推移消失在了历史长河里，但仍有少数珍品通过随葬等方式保存了下来，其中在 2006 年开始发掘的吕氏家族墓园中，一把铁镇尺便展现在了人们的眼前。

陕西蓝田吕氏家族墓地出土铁镇尺，长 31.2 厘米，宽 1.7 厘米，通体光素无纹，中有一个蘑菇形的抓手。现存的宋代镇

尺，质地往往以铜、铁为多。由金属制成既能保证镇尺的重量达标且方便耐用，同时也象征了宋代文人对刚正不阿的高洁品行的追求。韦骧就偏爱铁镇尺，甚至还有诗云："铁尺平如砥，银花贴软枝。成由巧匠手，持以镇书为。弹压全繁尔，推迁实在台。不能柔绕指，方册最相宜。"两宋时期，"重文轻武"的社会风气和政策给予了士大夫阶层较高的社会地位和优渥的生活条件，无数文人将自己的政治抱负和人生理想同天下兴亡紧密联系，是当时社会阶层的中流砥柱。在宋辽战争、宋夏战争、宋金战争、宋蒙战争等多次对外战争将两宋国力消亡殆尽后，仍有诸多文人选择殉节，或是对两宋"文人政治"的最好诠释。

镇尺颇受文人喜爱的另一大原因，就是其既有"镇邪"

陕西蓝田吕氏家族墓铁镇尺

的寓意，同时又象征着为人处世的规矩尺度，能够"镇"住人心之"尺"。光素无纹的铁镇尺，虽然不似其他镇尺将书、画、文辞、雕刻集于一身，但是同样彰显了主人低调的做派和高尚的情操。这把铁镇尺出土于吕氏家族墓地的吕大雅墓中，其堂兄弟是北宋历史上著名的"蓝田四吕"。"蓝田四吕"在当地名望极高，是北宋士大夫阶层的代表人物，其家族墓地被当地百姓称为"吕氏四贤墓"。"蓝田四吕"中吕大忠、吕大钧、吕大临三人均师承张载，吕大防也是张载关学的积极支持者。究"蓝田四吕"的人生，一如张载所言，当是做到了"为天地立心，为生民立命，为往圣继绝学，为万世开太平"。"蓝田四吕"为官则忠君为国、爱民如子、一身正气，为学则治学严谨、"躬行礼教，通经致用"；即便是在本乡治理上，他们也提出了我国历史上最早的成文乡约《吕氏乡约》，起到了良好的教化规范作用，是"蓝田四吕"弘扬关学的一大代表。这体现着两宋时期士大夫阶层在社会的方方面面起到的积极作用，对于推动社会进步、促进文化发展有着不可磨灭的影响。他们是社会进步的重要推手，同时也是社会审美的引领者——同铁镇尺一同发掘出来的，还有许多精致的文房用品，其数量甚至超过了金银器皿，充分说明当时的盛文之风以及文人们高雅淡泊的审美追求。

"重文轻武"的文人政治既为北宋带来了鼎盛时期的繁荣，促进了经济发展和社会进步，同时"朋党之争""文官独大"和"冗官"等现象，也为宋王朝的灭亡埋下了祸根。"蓝田四吕"去世后，随着铁镇尺被埋入土中的，还有宋王朝的风光繁华，以及促成这份繁华的士大夫阶层。宋朝之后，随着封建王朝中央集权的加强，士大夫阶层不再被封建王朝统治者们鼓励积极论政参政，社会地位逐渐衰落，直到清朝时"主上之遇大臣如遇犬马，彼将犬马自为也"（龚自珍），官员成为封建皇权眼中的"犬马"，文人政治也自然跟随宋王朝化作历史尘埃。而"蓝田四吕"相继去世后，其后人也再无一人能够取得比肩四人的伟大成就，关中沦陷后，吕氏后人南下避难，再回到故土时，家业衰落、祖业已失，甚至连祖坟都未能保住。

昔日风头无两、比肩"三苏"的"蓝田四吕"的墓地，最后落得被家族后人盗挖的下场，引人唏嘘。但两宋时期全面繁荣的经济文化，留给中华民族的文化遗产和热爱祖国、刚正不阿、淡泊名利的美好品格，却是流淌在每一个中华儿女血液中的伟大精神力量，是更为珍贵的宝物。

砚滴是文人的"仪式感"吗

　　以江苏、浙江两省为代表的江南地区，自古以来就有"鱼米之乡"的称号，是全国闻名的富庶地区。正所谓经济基础决定上层建筑，江南地区的文化发展，在全国也一直处于领先地位。到了宋代，江南地区的农业和手工业发展迅速；到了南宋迁都至临安，更是进一步促进了当地经济和文化的发展。宋朝文人众多，对所用之"器"从"颜值"到实用性的要求都极高，因此宋朝时书房中的诸般雅器，于传承中更有创新，在整个文物史上都别具一格。在无锡兴竹宋墓中出土的影青瓷砚滴就是一例。

　　砚滴，又被称为水注或书滴，是古人在磨墨时用来控制水量的器物。1986 年 11 月，在无锡市兴竹村的工地上，发现了两座宋代墓葬，其中的陪葬品就有一个影青瓷砚滴。影青瓷即青白瓷，是宋代最具代表性、最能凸显宋瓷成就的瓷器烧制方法，用来仿玉器几乎"以假乱真"。这件影青瓷砚滴，整体仿佛两兽盘卧，高 6 厘米，宽 6.3 厘米。中间以鹿角

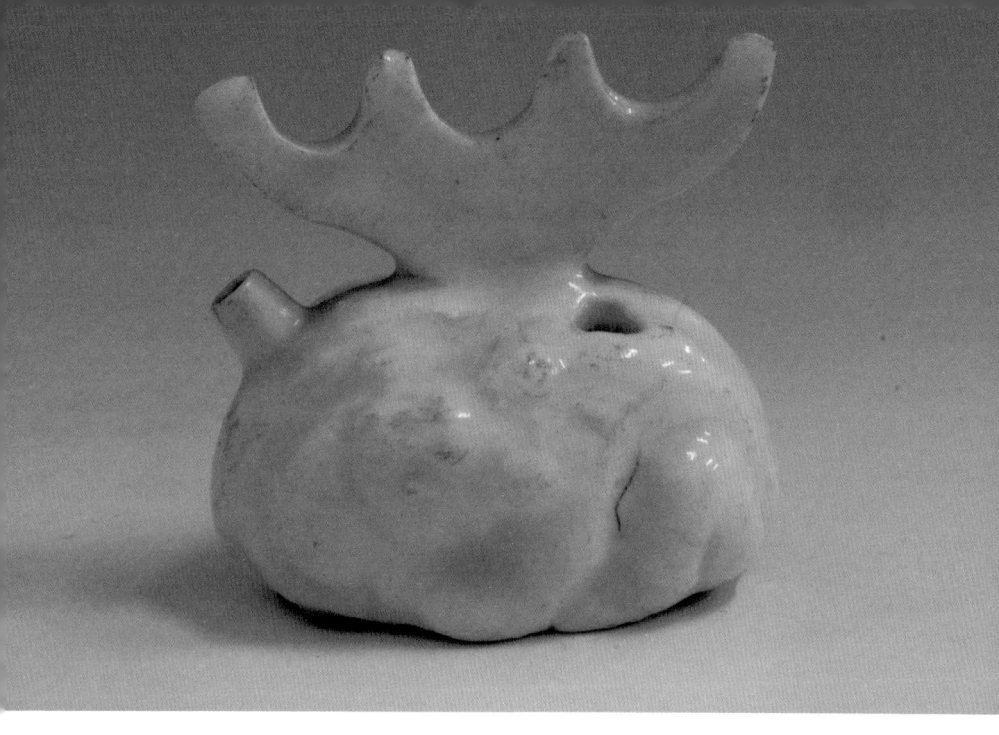

形向上凸起，这个部位可以作为移动时的把手，鹿角中的凹槽可以当作笔架。砚滴内部中空，在其中一头小兽的头部有一个小孔，可以供水流出，尾部也仍有一小口。虽然底部有两条垫烧痕，但整体胎质晶莹洁净，造型奇特而精致，釉色盈润丰泽，历经千年亦无褪色，实为精品。

古人书画皆需用墨，由炭黑制成的墨块需要在砚台中添水再进行研磨，形成墨汁。水少则墨浓，水多则墨淡。对于精益求精的宋代文人，书画中不同风格、不同内容的表现，所需墨的浓淡也有所不同。若直接用水盂添水，稍微手抖就容易添多。因此，精准地控制水量，是每个文人的必修课。砚滴控制水量的秘诀也很有意思，利用的是气压的原理。砚滴的背部是上下贯通的，只要用手指压住小孔，再将底部放入水中，砚滴内部就和外部自然形成了一个气压差，水就被压入了砚滴之内；若继续按住小孔，气压差不变的情况下，砚滴内的水就不会落下来；只有将它移到砚台上方时松开手指，砚滴内的水才会落下，就达到了控制水量的目的。正像清代的胡煦在《周易函书别集》中提到："书滴，上下两孔，故可以泄水。此即坎卦上下两阴而中阳流动之义。若使塞其一孔，则一孔不泄。"

砚滴这种起源于汉代的文房用具，在宋代得以进一步发展。根据文献的记载，砚滴的形制非常丰富，以兽形为主，像蟾蜍、麒麟、天禄、鱼、龟、天鸡、狮、象等动物，都是砚滴常见的设计灵感——这些往往是具有美好寓意的珍禽异兽，因此砚滴如同茶道中的茶宠，是一种祥瑞之气的象征。

砚滴的材质则以铜和瓷为主，也有少部分石质砚滴。到了宋代，砚滴的重要性进一步被强调。像宋代的洪迈在《夷坚志》中写道："凡合用笔、墨、纸、砚、糊匣、剪尺、压刀、砚滴，一一毕备。"尹焞的《和靖集》中也提到"百端砚、金丝匣、金鼎砚滴各一"。可见，砚滴已经被作为文房中的重要器物，与笔墨纸砚等文房四宝相提并论了。

无锡兴竹宋墓中出土的砚滴，据推测制作于北宋中晚期，现藏于无锡市博物馆。和其他的影青瓷器一样，即使曾被埋于地底长达千年的光阴，这只砚滴的釉色依然晶莹洁白，其中隐隐透出的青色，好似泛着玉质的光芒。如果说笔墨纸砚在文人的书房中是不可或缺的"文房四友"，那么砚滴的实用性则小得多，取而代之的是观赏性、把玩性，作用也更多是彰显风雅或富贵之气。这是不是那些追求雅致的宋代文人所标榜的"仪式感"呢？

　　只是，"仪式感"确实会为人带来雅兴，但生活的关键和人生的价值，却往往不在这些"仪式感"里。我们未曾见过"先天下之忧而忧，后天下之乐而乐"的范仲淹对身外之物的考究，也未曾见过与民同乐的六一居士欧阳修对"仪式感"的苛求；宋徽宗赵佶在意书画艺术的"仪式感"，北宋却在他的手中覆灭，他自己也客死异乡。正如孔子夸赞颜回的品质："贤哉回也！一箪食，一瓢饮，在陋巷，人不堪其忧，回也不改其乐。"仪式感要有，但真正的贤人在意的，永远不只是仪式感。砚滴这种雅器至民国而衰微，不也正告诫后人，无论是物还是人，单纯追求仪式感，而忽略其实用性，是走不长久的吗？

三足蟾蜍之谜

砚滴的形制极为丰富，大多以奇珍异兽作为题材，象征着祥瑞之气。但在砚滴千年的发展历程中，以蟾蜍为原型制作的砚滴，却占了绝大多数。在今天不那么受欢迎的蟾蜍，又何以成为象征祥瑞的文房雅器？在浙江龙游寺底袁村南宋墓中，出土了一件三足蟾蜍的铜制砚滴，高 4.8 厘米，长 8.2 厘米，形状动态栩栩如生。唯一与现实不同的是，真正的蟾蜍四足，砚滴的形象却是三足。这又是为什么？

蟾蜍作为祥瑞的历史可以追溯到汉朝。汉朝初年的《淮南子》记载："月中有蟾蜍。"东汉王充的《论衡》中也提到："儒者曰：日中有三足乌，月中有兔、蟾蜍……且听儒者之言，虫物非一，日中何为有乌？月中何为有兔、蟾蜍？"蟾蜍作为月亮的化身而被神化，成为象征祥瑞的动物，月亮的雅称"玉蟾"也可以说明这一点。而蟾蜍砚滴第一次出现也是在汉朝。《西京杂记》中记载道："晋灵公冢，甚瑰壮……唯玉蟾蜍一枚，大如拳，腹空，容五合水，光润如新，王取以盛书

滴。"书中介绍了一枚玉制的蟾蜍砚滴，中空而可以盛水，这和后世砚滴的形制也基本相似，但此时的蟾蜍形象似乎仍未变成三足。

汉以后至唐，无论是文献资料还是图像壁画，都没有三足蟾蜍的踪影。直到南宋的中后期，《赤城志》中记载道："蛙，三足者名蟾蜍，大者名封蛤，又水中鸣者名虾蟆。"祝穆撰写的《事文类聚》中也说："蟾蜍，三足虾蟆也。"《五灯会元》中又记载道："师曰：'夜闻祭鬼鼓，朝听上滩歌。'问：'如何是上座家风？'师曰：'三脚虾蟆背大象。'"同时，三足蟾蜍也出现在宋人方凤的《游北山三洞记》中："仰观洞中，他无漏泉，独此尔。浴室。石棧。三足蟾。悬钟宝盖，如名刹讲台上所设而加高大。"可见，到了南宋，三足蟾蜍的形象已经传播得非常广泛。

蟾蜍形象的变化背后到底有什么原因呢？有专家对此做过专门的研究。历史上，汉朝和宋朝在经学方面形成了两大巅峰——前者倡导将古代典籍当作历史文献进行研究，以宗汉、信古为特点，故称"汉学"；后者则是两宋年间理学的发展结果，故称"宋学"。汉学中，有相当多关于阴阳术数的研究，奇数和偶数分别代表着天与地、阳与阴。因此，传说中居住在太阳中的乌鸦是三足乌，用奇数来表示阳；蟾蜍则是月亮的象征，四足，以偶数来代表阴。这个规则，也可以从汉代的石刻和画像中得到印证。而到了宋代，宋学虽然与汉学一样都是基于儒家学说发展而来的学问和观点，但"疑经"的精神成为宋学的重要特征之——因此，宋学本质上是对汉学的挑战。因此，这时的蟾蜍形象也不再同汉代一样。

不仅是蟾蜍，像龟、象、虎等带有神话色彩的动物，也都同蟾蜍一样，被"异化"成了三足的形象。因此，在南宋的墓葬中出土三足蟾蜍的砚滴，便不足为奇了。三足蟾蜍的砚滴也成为南宋文人案头常见之物。像南宋的诗人刘克庄，还曾为之写过一首诗《蟾蜍砚滴》："铸出爬沙状，儿童竞抚摩。背如千岁者，腹奈一轮何。器较瓶罂小，功于几砚多。所盛涓滴水，后世赖余波。"除了铜制的蟾蜍，龙泉窑、越窑、景德镇等瓷窑也纷纷制作类似的三足蟾蜍砚滴。如 1983 年浙江慈溪东乡寺出土，现藏于慈溪市博物馆的北宋越窑青瓷蟾蜍砚滴；四川遂宁金鱼村出土，现藏于四川宋瓷博物馆的一大一小两件景德镇青白釉蟾蜍水盂，都属于此列。

可见，一种形象、一个式样的流行，与它背后的时代背景有着密不可分的联系。在这件三足蟾蜍铜制砚滴背后，反映出的是宋代文人勇于探索、敢于质疑的求学精神。

汝窑鹅形水丞

　　谈到历史上著名的丞相，人们第一反应大多是管仲、萧何、诸葛亮、魏徵等人。丞相这一官职可谓是"一人之下，万人之上"，位列"百官之长"。丞相的"丞"字，本来就有辅佐的意思。作为辅佐皇帝决策的重要人物，丞相的地位自然很高。在文人小小桌案上，竟然也有一位"丞相"，那就是水丞。

　　古人写字作画用到的墨和颜料，都需要加水进行研磨，而水丞就是桌案上用以盛水的器具，确实有些"辅佐"的意思。水丞又叫水中丞、水盂，赵希鹄在《洞天清禄集》中谈到水丞时如此说明："晨起则磨墨汁，汁盈砚池，以供一日用，墨尽复磨，故有水盂。"可见，水丞的作用和我们之前介绍的砚滴基本相似，不过有嘴的叫作砚滴，无嘴的就是水丞。因此，也有人将水丞归入砚滴一类，像南宋的林洪所编撰的《文房图赞》中，就只有笔、墨、纸、砚、砚滴、笔架、臂搁、镇尺、界方、书剪、裁刀、糊筒、印章、都承盘等，并无水丞单独的分类。

水丞早在秦汉时期就已经出现。到了宋代，随着文人数量的增多和地位的提高，作为文房器物的水丞，需求量也大大增加。因此，水丞的制造在宋代迎来了一个高峰。当时水丞的形制和制作材料也都很多样，造型的题材包括珍禽瑞兽、奇花异草，也不乏朴素简单的造型；材质上也有玉石、陶瓷、金属等各种类型。

宋代五大官窑中的汝窑就曾烧制过一件极具特色的水丞：整体造型是一只回头的鹅，尾部托着一片荷叶，荷叶就是盛水的地方。这件水丞釉色呈青色，微微有些泛蓝，有一种古玉质感的光泽。所谓"汝窑为魁"，汝窑一直以来都被称为宋代五大名窑之首。汝窑烧制的瓷器极有特色，常常在釉中加入珍贵的玛瑙，因此汝窑瓷器的釉色与光泽都十分独特。随着光源的变化，釉色光芒流转，美妙异常。著名的"艺术家皇帝"宋徽宗就是汝窑瓷器的"超级粉丝"，相传他曾在梦中见到雨过天晴后天青色的天空，醒来对工匠提出"雨过天青云破处，者般颜色做将来"，天青色的瓷器也有着似玉而非玉的美感。

除了釉色与众不同，汝窑瓷器的裂纹也各具特色。这种表面釉层的裂纹叫作"开片"，有直开片、斜开片、大开片、小开片等多种风格，且颜色微微发红。汝窑的开片有的像梨皮，有的如蟹爪，还有的如芝麻花，各具特色。这件鹅形水丞，其表面布满纹路，若是放大观察，可以发现在细小而深色的浅棕色碎纹中，还夹杂着很多短而透明的线纹，整体呈斜开片形态，排列整齐有序，富有层次，这就是汝窑著名的"蟹爪纹"。瓷器的纹路本身是一种缺陷，是瓷器在高温中烧制时釉色开裂而产生的纹路。而汝窑却能通过控制温度和烧制技法，将这种缺陷转化为艺术特色，而成为汝窑瓷器的特色之一。

为什么选择鹅来作为造型呢？与我们现在对于鹅"农村三霸"之一的印象不同，鹅的造型在古代是玉器的常见造型之一。鹅冠大多为红色，因此取其"鸿运当头"之意，预示着好运气的降临。同时，回头的鹅被认为是"我如意"的象征，还因此有一段传说：北宋的靖康年间，有一位秀才姓王，他的妻子不会说话，是个哑巴，但绣活做得很好。当王秀才准备进京赶考时，他的妻子为他做了一件褂子，并在上面绣上了图案，正是一只回头的鹅。王秀才穿着这件褂子去参加科考，果然状元及第，得到了当朝皇帝宋钦宗的召见，还要赐婚于他。王秀才无奈，只得将家中哑妻做褂子的事情说了出来。

宋钦宗听完后深受感动，认为这只回头鹅有吉祥的寓意，因此收回了赐婚的旨意，还让王秀才将身上的褂子送与皇宫内院收藏起来，又广招能工巧匠按照褂子上回头鹅的图案去雕琢一块和田玉，做成玉佩，赐给了王秀才的哑妻。于是，这块玉佩就被叫作"状元佩"流传下来，回头鹅也和考状元联系在了一起，现在的出土文物中还能见到以回头鹅作为造型的宋代玉佩呢！

考状元作为文人的"终极理想"，象征着状元及第的回头鹅进入文房也就顺理成章了。值得一提的是，东晋时期的大书法家王羲之也酷爱鹅。《晋书·王羲之传》中曾记载，会稽的一位老妇人养的鹅叫声好听，王羲之想买这只鹅却没有买到，就带着亲朋好友前往老妇人家看这只鹅。老妇人听说大书法家王羲之要来了，就将这只鹅杀掉煮成了鹅汤来招待王羲之，王羲之为此整日叹息。后来王羲之又听说山北的一个道士养了好鹅，又前往观看，心里高兴，想要全部买下来。道士说："你只要帮我抄写《道德经》，我就把整群鹅都送给你。"王羲之高兴地抄完了《道德经》，把鹅用笼子装起来带回了家，就觉得很快乐。由此可见，王羲之对鹅真是"爱得深沉"！

状元爱鹅，皇帝爱鹅，书法家也爱鹅，文人们和鹅结下了不解之缘。想来，这件鹅形水丞也应该是陪伴着某位文人读书写字，又寄托了美好希冀的一位重要的文房伙伴吧！

文房里的"远山"与意趣

　　作为一处清雅之地，文房对于文人们的意义相当重要。文房中的用具，除了不可或缺的"文房四宝"笔、墨、纸、砚之外，各种"文房清玩"也成了文人们的"心头好"。南宋刘子翚在《书斋十咏》中，将笔架、剪刀、唤铁、纸拂、图书、压纸狮子、界方、砚瓶（砚滴）、灯檠、楮案木等，都归类为文房用具。追求精致的南宋士子们，对这些用具也是精益求精。在这些文房用具之中，笔架是最早出现的。目前出土文物中年代最早的笔架是西晋时期的铜制笔架。随着时代的发展和人们生活习惯的改变，笔架的造型和功能也有所丰富和变化。到了宋代，笔架的实用性和观赏性都大大提高，所用的材质也更加多样，为明清时期笔架文化的全盛奠定了基础。

　　古人以毛笔蘸墨的方式来书写，由于墨笔滚落容易在纸张或桌面上形成难以除去的墨迹或污痕，因此使用笔架来放置墨笔。笔架又有笔格、笔床、笔搁、笔山、笔枕、笔悬等多种

衢州南宋咸淳十年史绳祖墓水晶笔山

称呼，主要是以其形制不同来区分。若笔架形似山峰，则称为"笔山"；形如卧床，则称"笔床"；悬挂式的笔架则称"笔悬"。笔架的材质也有陶瓷、木、金属、玉石等多种。在诸多笔架中，有一种形似波澜起伏的山形笔架颇受宋代文人的喜爱，如鲁应龙在《闲窗括异志》中所言："远峰列如笔架。"这种形制的笔架也被称为"笔山"。

　　浙江衢州出土了南宋咸淳十年（1274）史绳祖墓的水晶笔山，目前由衢州博物馆收藏。笔山长 12.5 厘米，宽 2.1 厘米，高 6 厘米，由透明水晶制成——这也是南宋时期非常流行的一种材质。水晶笔山被雕作五峰山形,中央主峰最高,侧峰对称地向左右递减,兼具实用性和观赏性。两宋时期,经济文化迅速发展,在"文人治国"的基本国策下,文房用具也得到了迅速发展,笔架自然也是得到了迅猛发展。由于宋代笔架的材质逐渐丰富,铜、瓷、石、水晶等多种多样的材质易于保存,因此宋代笔架的传世品和出土量也相较前朝多了许多。

宋代笔架形制多为以下三种:一种大体呈长方形但上窄下宽,上面有几个圆形凹孔;一种同样也是上窄下宽的长方形,上面除了几个圆形凹孔之外,还多了一个长方形的凹孔用来放墨;而第三种也是最常见的一种就是山形笔架,也称"笔山",山峰或陡峭,或平缓,峰峦少则 5 个,多的达20 个。

为什么古人如此偏爱山呢?对于古人来说,山的另一边意味着未知,令人心驰神往。《书斋十咏》中如此描绘笔架:"刻画峰峦势,尸功翰墨余。锁窗闲昼永,高卧数中书。"诗中所写的就是一件山形的笔架。古代文人与山的联系非常紧密,对山怀有浓厚的情结,这种情结表现在诗、词、文、画以及生活中的方方面面。有"表独立兮山之上,云容容兮而在下"的惆怅(屈原《山鬼》);有"一重一掩吾肺腑,山鸟山花吾友于"的豁达（杜甫《岳麓山道林二寺行》）；有"不识庐山真面目，只缘身在此山中"的玄妙（苏轼《题西林壁》）；有"山重水复疑无路，柳暗花明又一村"的哲理（陆游《游山西村》）。

古人向往山，是向往人与自然的和谐统一。一如"采菊东篱下，悠然见南山"（陶渊明《饮酒》）的怡然自得，无数文人墨客心中将"山"作为远离喧嚣世俗的一个符号——不仅古人如此，即便是现代人为了逃避社会的纷扰，也有许多人选择返璞归真隐居终南山。据报道，终南山的常住人士已经多达 900 人，不常住的修行者更是有成千上万之多。在传统观念中，天地与自然相联系，而人也是大自然造物的一部分。故而，无数寺庙、道观都修建在深山之中。看来，对于深受传统文化熏陶的古人来说，山除了审美意义上的崇高之外，还是一个和平安宁、远离尘世的好去处。

此外，山这个意象还深度契合中国传统阴阳哲学。唐朝李吉甫的《元和郡县志》中说过："山南曰阳，山北曰阴；水北曰阳，水南曰阴。"我国位于北半球，对大部分地区来说太阳直射点始终处于南面，故山的南面受到阳光照射较多，称为阳坡；山的北面很少受到阳光照射，称为阴坡。在古代中国，文学造诣较高的文人，往往充满了对于宇宙万物的哲思。无数文人墨客借助对山的观察，尝试对真理进行解读。所以，山给古代文人带来了无数遐想，是他们精神世界的寄托。一如"山不在高，有仙则名"（刘禹锡《陋室铭》）所表现的，山凝聚了古代文人的美好想象和愿望。

最后，山还是古代文人借以抒发情感的重要意象。"独自莫凭栏，无限江山，别时容易见时难"（李煜《浪淘沙令》），代表李煜绵绵不尽的故土之思，是一支宛转凄苦的哀歌；而在辛弃疾眼里，"千古江山，英雄无觅、孙仲谋处"（《永遇乐·京口北固亭怀古》），江山为放眼所见，千古为心中所思，咏古感今，慷慨激昂；再如"人事有代谢，往来成古今。江山留胜迹，我辈复登临"（孟浩然《与诸子登岘山》），诗人的感怀溢于言表。面对不同的山、不同的时代，不同的文人写出了不同的作品，我们自然也能体悟到他们不同的心情。对于文人墨客们来说，山是永恒而沉默的，也是最为优秀的倾听者。

古人爱山，宋人自然爱山，对山的喜爱也自然代入到文房用具中。文房之物虽然小，但是精致又易于把玩，是实用性和娱乐性的完美结合。笔山虽然简单，但是使用起来极为方便，加之两宋时期对奇石的赏玩之风盛行，大多用天生奇石雕刻而成的笔山流行起来在当时可以说是"几无可避"。或许文人们在选用自己偏爱的笔山时，就将自己对山的无限遐想与向往，也倾注到了这小小的物件身上吧。

搁笔器物，尽显方寸之美

　　《山海经》中水晶的"出镜率"相当之高。如《南山经》中提到："又东三百里，曰堂庭之山。多棪木，多白猿，多水玉，多黄金。"《西山经》《东山经》和《中山经》中也多有提及，说明很久之前人们就开始对水晶有了认知并可能进行了利用。古人认为水晶之中蕴藏着天地的灵气，传说赤松子曾教神农服用水晶。或许是源于这段传说，屈原在《九章》中说："登昆仑兮食玉英，与天地兮同寿，与日月兮同光。"这也是现存诗歌中最早提到水晶的诗句。其他典籍中也不乏对水晶的记载，可见古人对水晶之推崇与喜爱。浙江龙游寺底袁村南宋墓出土时，发现了诸多水晶制品，一件水晶笔山就在此列。

　　浙江龙游寺底袁村南宋墓出土的水晶笔山，长 13.5 厘米，宽 3 厘米，高 4.2 厘米。水晶不甚通透，但是雕刻十分精致，七座主峰每一座下都雕刻出数座小峰，目前由龙游县博物馆收藏。由于水晶的原料体积往往较小，加之硬度大的原因，水晶的雕琢难度很高。这件水晶笔山的雕刻之精致，在两宋时期的水晶笔山中算得上是名列前茅的。两宋时期由士大夫引领着审美风向和文化艺术的发展方向，北宋韦骧有诗《水精笔架》咏水晶笔架："璞琢穷工巧，书帷适用高。得邻辉宝墨，栖迹卧文毫。匪月光长在，非冰暑自逃。千金不论直，一字若为褒。"其对水晶笔山的喜爱可见一斑，这些器物也被赋予了雅致之意。由于经济的繁荣发展，金石学的兴起就是在这时开始的。因此，宋代的金石制品空前繁荣，"胜美玉""过冰清"的水晶，自然就进入了两宋文人的视线之中。

唐朝温庭筠的《题李处士幽居》写道："水玉簪头白角巾，瑶琴寂历拂轻尘。"可见水晶不只是被前人当作珍贵的宝物，更由于它透明清澈的质地，被古人视为品行高洁、出尘脱俗的象征。两宋时期，受到"文人治国"的国策影响，士大夫阶层迅猛发展，文人对于水晶制品的需求也大大增加。尤其南宋时期是古代水晶制品的高峰期，以水晶雕刻出的各类文房用具等小物件风靡一时。水晶笔山集实用性与观赏性于一体，为其中代表。

洪迈《夷坚支志·丁卷·灵山水精》中记载了一个故事："水精出于信州灵山之下，唯以大为贵，及其中现花竹

象者。朱彦才家在彼，旧颇赡足，十余年来，浸浸衰落。尝因寒食拜扫先墓，小民百十为群，入山寻采水精，且斗百草为戏。朱独行院径间，忽见一石块，光辉射人。就视之，真宝石也，高阔如大瓮，喜甚。惧为众所见，取乱叶蔽之。既还舍，呼集田仆二十辈，乘夜舁归。已而市侩皆传闻，相率来观，共酬价六千贯，朱犹未许。临安内苑匠闻之，请于院珰，求假至信，视已立价复增三千贯。朱付之，赖以小康。"信州，今江西省上饶市附近。可见两宋时期，江西一带为水晶的主要产地，且所产的水晶质量上乘，价值颇高，这也为水晶制品的大量生产提供了条件。

明代屠隆《考槃余事》卷四《文房器具笺》中记载："玉笔格有山形者，有卧仙者……窑器有哥窑，三山、五山者，制古色润……石者有峰岚起伏者，有蟠曲如龙者，以不假斧凿为妙。"从记载中可知除去水晶制的笔山之外，两宋时期的笔架、笔山尚有玉、石、陶瓷和青铜等主要材质。

两宋时期文人偏爱赏石，米芾拜石为师、沈括呼石为兄的行为，在今人看来难以理解。从园林景观到赏玩用的石制品，宋人对赏石推崇备至，形成了独特的赏石文化。在将赏石文化融入文房用具之后，石质笔山就流行起来了。而石质笔山也是当下流传下来最多的一种，石头比起水晶更易于雕刻，所以造型往往也更精致。两宋的石质笔山仿照山水画的构图和布局，常用天然生成的石头进行二次加工而成。南宋赵希鹄《洞天清禄集·笔格辨》记录："灵璧、英石自然成山形者可用，于石下作小漆木座，高寸半许，奇雅可爱。"石制笔山取材容易、形态小巧又方便好用，使得在案上摆放山石一度流行。

两宋金石学的兴起同样激发了当时文人对于青铜器物的喜爱。陆游在诗中写下了铜制螭龙形笔架的使用方法："爱闲惟与病相宜，壮岁怀归老可知。睡熟素书横竹架，吟余犀管阁铜螭。水芭蕉润心抽叶，盆石榴残子压枝。堪笑放翁头白尽，坐消长日事儿嬉。"铜具有高延展性等特点，冶炼起来可以制成各种复杂的形制。因此早期青铜制成的笔山传世量也极多，而陶瓷、玉制成的笔山的传世量却较少，但自两宋之后，陶瓷制成的笔山存世量逐渐增多起来。

众所周知，在文人的眼中，文房用具已经成为独特的文化符号。笔山这一器物，既代表了两宋文人对于幻想中羽化登仙的向往，也显示了他们对现实中追求高尚品德、远离尘嚣的志向，而水晶也同时具备这些美好的愿景。相互影响之下，水晶笔山自然而然地进入了两宋文人的眼里。在当时手工业迅猛发展的时代背景下，水晶的高硬度也难不倒高超的手工艺人。时过境迁，两宋距今已经近千年，备受推崇的士大夫阶层也随着南宋的灭亡而分崩离析。但是"高山仰止，景行行止"，在见到这些精致的文房用具的时候，我们依然能从中感受两宋时期文人们的高尚追求。

从白石双狮笔架看宋代"玩石"之风

关于石头，现代人或许感到平平无奇、随处可见，可是在古代，石头也能被玩出花样来。尤其是文人墨客，对于玩石、赏石之事，可谓是情有独钟。这种风气数宋代最为鼎盛，如著名的书法家米芾就醉心于奇石，甚至因此一度遭弹劾"荒废公事"。在他担任无为州监军时，还曾将立在州府前的巨石称为"石丈"，穿好官服、手持笏板，双膝跪地去参拜。宋代喜石玩石之风可见一斑。

除了天然奇石可供观赏鉴玩，石也作为制作各类器具的重要原材料而进入了文人墨客的书房中。如"文房四宝"中的砚台，大多是用石制成。除此以外，镇尺、笔架等其他文房用具，也有很多是以石头制成，通过雕刻、纹饰等方法，塑造出各种精美的形状。在陕西蓝田吕氏家族墓地中出土的白石双狮笔架，就是其中的翘楚。

笔架用石，大多选用天然奇巧之石。《百宝总珍集》卷三"灵璧石"条曾说："灵璧石山子立者，或有卧者，先看样范好弱，无石脉、颜色黑如漆者堪好。亦有小块儿山石峰儿巧者，亦有折断用胶粘不觉者，仔细看之。此物文官多爱。亦有墨染蜡出光假者。英州看石，山峰多者着主。"宋代的石雕笔架不但数量多，而且质量也高。就如这件白石双狮笔架，以白石雕刻而成，整体造型同一般笔山一样，依然是中间突出两边较低的形状，而组成山形的却是一对角力的狮子。两只狮子大体上左右对称，头大腰细，两头相错，前爪

陕西蓝田吕氏家族墓白石双狮笔架

互相抵在对方的肩膀上，后爪撑地，尾巴翘起。神情则是双目圆睁，正是极用力的状态，威风凛凛的神态活灵活现。南宋诗人方一夔曾在《太湖石狮子笔架》中写道："忆昔金仙去后遗双狻，化作双玉南海边……烂烂眼有百步威，安眠不动镇书帷……"虽然描写的不是同一件狮子笔架，但其中透露出的神采相类，可作参考。

不得不说，以狮子形态来做笔山，这样的设计与整体构思非常巧妙。可是，作为文房用器，狮子威武的形象是否与清雅的文房有所不合呢？这就要从狮子形象的来源和发展谈起。狮子这种动物，原产于非洲和西亚，大约在汉代时进入了中国。狮子，古时也被写作"师子"，《汉书·西域传》就有所记载："乌弋……有桃拔、师子、犀子……"当时的乌弋国大约相当于今天的阿富汗地区。《后汉书》中也曾提到"条支国……出师子……"，条支国也是古时西域的国名，大约在今天的伊拉克境内。狮子传入中国最早是作为西域国家的贡品，《后汉书·西域传》记载："章帝章和元年，（安息国）遣使献师子……""（和帝永元）十三年，安息王满屈复献师子……"可见，早在东汉初期，中原的统治者就已经见到波斯国进贡而来的狮子了。

狮子刚健勇猛的形象深受汉代人们的欢迎，符合当时人们的"尚武"精神。因此，早在东汉时期，就有许多工匠将狮子作为题材，雕刻于石上。到了唐代，国力更加强盛，西域诸国依然向中原王朝进贡狮子。狮子的出现更加普遍，许多大臣或文人也都见过，并倾心于威武雄壮的狮子。唐代书法家虞世南就写过《狮子赋》来歌颂狮子的勇武："（狮子）倐来忽往，瞋目电曜，发声雷响。拉虎吞貔，裂犀分象，碎随兕于龃腭，屈巴蛇于指掌。践藉则林麓摧残，哮吼则江河振荡。"可见，汉唐时代的狮子形象都偏向于威武雄壮的风格。

与此同时，狮子的形象传入民间，在唐代还流行起了"狮子舞"，也就是今天舞狮活动的前身。通过人体来展现狮子的形象，实际上是一种"拟人化"的行为。因此，除了展现狮子勇猛的气质之外，还突出表现狮子和善顽皮的一面，并且在其中加入了铃铛、绣球等元素，显得更活泼可爱了一些。到了宋代，这种狮子舞还成了儿童的一种游戏。可见，狮子不单是作为"夜镇儿啼"的猛兽，还逐渐变得更加"人格化"，具有勇猛又顽皮、有力又和善的双重特点。

除此之外，狮子的形象还与佛教有着紧密的联系。佛教典籍《传灯录》中记载："释迦佛生时，一手指天，一手指地，作狮子吼云：'天上天下，惟我独尊。'"狮子是百兽之王，能号召统领百兽，是尊贵和威严的象征，并且可以辟邪。因此，在佛教中常常以狮子来喻指佛陀的无畏和博大，文殊菩萨的坐骑也是一头青色的狮子。作为佛教中的瑞兽、神兽，在佛教传入中国之后，狮子也随之受到欢迎。到了宋代，虽然不像儒学、道教那样为全国推崇，但佛教始终受到保护，不单是民间信众极多，以大文豪苏东坡为代表的宋代文人也对佛教颇有研究。因此，文人们也喜欢将狮子形象摆在案边手头，作为祥瑞的象征。以狮子为主题制作的香炉、和这件白石笔架一同出土的压纸狮子等，都是如此。

作为"蓝田四吕"的遗物，这些狮子曾经出现在他们的桌案之上，在他们书写策论或研究学术的同时，给他们以陪伴和安慰。也许，这件角力的双狮笔架，也蕴含着"蓝田四吕"兄弟几人，试图以狮子般勇武的气概来面对大宋王朝所面临的侵犯和屈辱这样的寓意吧。

以石为底、以山为形的石雕笔架

　　山形笔架是宋代笔架中最为常见的一种。但是除了我们现在也常见的单体五峰或三峰形笔架，宋代山形笔架在造型上的设计非常多样化，甚至还能塑造出崇山峻岭之感。1981年7月，在浙江诸暨电除尘器厂发现了一座南宋墓葬，其中出土的一件石雕笔架，就有这样的特点。这件笔架长 26.8 厘米，高 5.9 厘米，宽 2.9 厘米，整体以黑石为底，石质细密柔润，打磨得细致光滑。作为一件山形笔架，其上雕刻的山峰层层叠叠、错落有致，数量有 20 座之多。虽然山的数量多，但线条极为流畅，能够清晰地看出整座山体前前后后有六个层次，每一层都是由一座高耸的主峰加上另外几座小山组成的，因此形成了"远近高低各不同"的奇妙景象。

　　笔山为文人所用，其造型自然也体现着文人的审美风尚。宋代文人治国，各类艺术都得到了空前的发展，许多文人具有多重身份，不仅是国家的政府官员、政治家，更是文学家、书法家和画家，除了参与创作之外，也研究学术，提出了

浙江诸暨南宋董康嗣墓石雕山形笔架

诸多文艺理论。宋代文人在文艺创作中，注重"尚意"，强调
"神韵"，即崇尚形式背后的意境或意趣。这种理论体现在文
学中，则是诗文中强调"象外之象""味外之味"，注重于意
象中体现理趣；表现在书法上，是指打破唐人法度，以书法
来映照自己心怀，强调主观抒发；表现在绘画上，则是写意
盛行，强调"以心为画"，以自然之物象来含蓄地传达精神，
推崇"神似"大于"形似"的主张。因此，在宋代，一种诗书
画艺术相结合的形式——文人画兴盛起来。文人画对于创作
者的要求极高，既要饱读诗书、饱含文心，又要有诗情画意，

随性挥洒。苏轼、米芾、赵孟頫等人的创作，就是这类艺术的典型代表。

　　文人身上的书卷气体现在文人画中，自然也能传递到文房用具中。这种赏玩意趣的审美风尚，对当时工艺美术的技术和风格起到了至关重要的影响。这些精美的文房器物，蕴含着宋代文人独有的浪漫心绪和精神品质，于桌案上辅助文人艺术创作的同时，也辅助文人修养自己的身心。所谓"智者乐水，仁者乐山"，正如这件以石为底、以山为形的石雕笔架，时隔千年的人们仿佛仍能从这微观的器物和抽象的线条中，看到山峦起伏的恢宏气度，感受到岿然不动的坚贞品质。这不正是士大夫精神中寄情天下的胸怀和坚守仁道原则的最好体现吗？

饱含期待的六面铜印

中国的文字雕刻由来已久。从殷商时期刻于兽骨龟甲上的甲骨文、周朝刻于钟鼎上的铭文，到秦汉刻于玉石上的各种石刻文等，这些镌刻着文字的金属玉石乃至甲骨，在广义上都可称为"金石"。这种"金石"上的文字不易磨损、难以篡改，因此逐渐成为一种特定身份的象征，用以确认信息。随着书写工具的变化，人们传递信息不再完全依靠金属玉石，而是开始使用更为轻便的竹简、绢帛、纸等材料。这些成本低又便携的材料极易获得，但一些重要信息容易被仿造。于是，人们在小石块上刻下文字，用来佐证身份或权益，这就是印章。

印章早在周朝就已经出现，春秋战国时期就已经被普遍使用。如战国时期的名相苏秦，因主张合纵之策而佩戴六国相印，相印便是证明其官位和身份的印章。任何人都可以拥有或使用印章，但后代皇帝所用的印章专门被称为"玺"，一般用玉制成，象征着至高无上的权力。而臣民所用的印章就只被称为"印"。

张同之六面印

　　到了宋代，文人基数增大，印章的广泛使用也从公文的签署逐渐延伸到书画领域。完成一幅书法字画，往往要在卷首或卷末钤印，作为作者的凭证。因此，印章渐渐独立发展成为一种艺术形式，不但有文人以名、字、号为内容的印章，更出现了与书法、绘画等艺术相结合的闲章；形状也从古朴的方形转化为更为多样的形状，包括圆形、葫芦形等，各有特色。

　　1971 年 3 月，在南京市江浦县发现南宋爱国词人张孝祥之子张同之及其夫人的墓葬。在这座墓葬中出土了一方覆斗钮铜印，整体呈方形，上部高起，有一个 0.7 厘米的对穿圆孔，类似锁头形状。这一铜章六面有刻字，底面以篆书阴刻

"张同之印"四字，上面刻有"野夫"二字，仍为阴文篆书；另外四面分别刻有"十有二月""十有四日""与予同之""命之曰同"的跋文。由此可见，这方印章，应是墓主人张同之的父亲张孝祥赠与他的。

张同之，据传生于绍兴十七年（1147），字野夫，是唐代诗人张籍的第八世孙。他与父亲张孝祥同是农历十二月十四日这一天所生，因此父亲为他取名为"同之"，这枚印章大概是张同之在生日或成年礼时收下的。从印文来看，"野夫"二字笔画圆润婉转，点画单纯而均匀，可见篆书笔法之优美。印的整体形制则是模仿汉魏时期的六面印。

宋代的金石学极为兴盛，近代国学大师王国维说过："金石之学，创自宋代，不及百年，已达完成之域。原其进步所以如是速者，缘宋自仁宗以后，海内无事，士大夫政事之暇，得以肆力学问……赏鉴之趣味与研究之趣味，思古之情与求新之念，互相错综。"历史上著名的宋代文人很多都有金石学著作传世，如欧阳修的《集古录跋尾》、赵明诚的《金石录》、王黼的《宣和博古图》等，在历史、金石、考古等学科中至今仍有着重要的参考价值。

蓬勃发展的金石学，令文人们对钟鼎、玺印、碑刻等出土文物的研究兴趣盎然。这时的文坛就出现了强烈的复古风尚——文学上有欧阳修推崇的"古文运动"，倡导先秦诸子、唐代韩柳的文风；书画上也力求"尚意"，对魏晋南北朝时期的艺术风格加以创新。因此，在印章的制作上，宋人也偏爱古意，不但仿照古代印章的形制和印饰，刻文的风格也常常极力模仿汉魏时期的特点。

在张同之出生的年代，南宋与金已经划淮河而治，北方大部分的国土已经不在南宋手中。作为爱国词人的后代，又与爱国诗人陆游交好，想必张同之自己也是以收复北方为己任的文人。父亲张孝祥号"于湖居士"，张同之亦有"小于湖"之称。正如陆游赠与张同之的诗中所说："逋诛猾虏入槛车，北风吹干草头血。一龙上天三百年，旧事空闻遗老说。金印斗大谁作州，公子玉面苍髯虬。赋诗健笔挟风雨，论兵辩舌森戈矛。"也许，在父亲将这方铜印赠与自己的同时，眼中饱含的激励就深深感染了张同之。之后的日子里，他也继承了父亲的志向，怀揣一颗炽热的丹心，为祖国燃烧着自己的光和热。

只可惜，一人、一家的光和热，也无法阻挡历史冰冷的车轮。如今，只有这方印静静地躺在南京博物院，诠释着宋代的士大夫不输武人的坚决和热血。

至精至美，
宋人的风雅之物

宋代银鎏金龙纹霞帔坠

说到"霞帔"，人们大概就会想到"凤冠霞帔"，旧时一般指富家女子出嫁时的装束。

霞帔由南北朝时期的帔子演变而来，是供皇帝的妃嫔所穿戴，宋代时划入命妇礼服的行列中，也是一种身份的象征。宋代霞帔是把帔子裁成两条带子，穿戴时从领后绕到胸前，最前面的部分剪成了斜的尖角并连接在一起，交接处再挂一只帔坠。

宋代霞帔坠作为富贵人家的必备嫁妆或聘礼，材质主要是金或是鎏金银器。何谓鎏金？这是中国古代的一种传统工艺，用金、汞合金制成的金泥涂饰器物的表面，经过烘烤，汞蒸发而金固结于器物上，看起来也非常贵气。霞帔坠往往用两片银片合并在一起。制作工艺多样：镂空、模压、鎏金、弯

福州浮仓山黄昇墓银鎏金霞帔坠

边、扣边锤揲、錾刻等等。霞帔坠的图案也是多种多样的。

　　1975 年，有考古队在福州浮仓山上发掘了一座宋代古墓。浮仓山位于湖中央，四周景色优美，山被环绕于水泽之中，看起来像一座仓廪浮出水面，因此得名"浮仓山"。这座墓在山的北坡，墓主人为一位女性，名为黄昇。经过考古专家的发掘，发现这座古墓富藏古代福州丝绸。除此之外，墓主人的胸前佩戴着一枚银鎏金霞帔坠。这枚霞帔坠高 7.2 厘米，宽 5.5 厘米，由两部分组成，像一个鸡心形的小盒子拼装在一起，里面可以装香料作为香囊。盒面的花纹也分为两部分，由一个心形轮廓区分开来。纹饰是使用银线编焊的图案，内部是缠枝莲花，外部则是六朵花的图案，值得一提的是，其中两朵花的花瓣同样呈心形。这枚霞帔坠非常有立体感，工

江西安义南宋李硕人墓金满池娇帔坠

江西安义南宋李硕人墓金满池娇帔坠

艺精湛，且全身皆使用鎏金工艺，金光闪闪，贵气尽显。

在江西安义南宋李硕人墓出土了一枚金满池娇帔坠。这枚霞帔坠直径4.2厘米，呈圆形盒状，两面的图案不同。正面的图案为"满池娇"：池塘中波光粼粼，荷花盛开，圆圆的荷叶浮在水面，鱼儿在水中穿梭，莲池中一对鸳鸯在水面缓缓游动，刻画得栩栩如生。背面的纹饰比较简单，是錾刻球路纹。

江西德安周氏墓出土的一件银鎏金帔坠的纹饰中，下方是镂空的竹叶，上方则是一个"寿"

字。可见在时间的流转中，霞帔坠的含义越来越丰富，逐渐有了福寿绵长、幸福美好之义。且在宋代，不同于过往的朝代，民间也经常使用霞帔坠，纹饰更加多样，不过这些式样不会被作为礼服的纹饰。

清代以前，霞帔上的霞帔坠只有一个。到了清代，由于上层贵族的服饰发生了很大变化，对民间服饰的约束也变少了，霞帔发生了非常大的变化，依赖于霞帔的霞帔坠也由之前的单独一个变成了多个，更有甚者已经让人分辨不出哪个是霞帔坠，哪个只是单纯的装饰品。

霞帔坠的使用范围变广，对于新婚的女子而言就多了一份美好的祝福。前面讲到，宋代霞帔作为命妇礼服，不是人人都可以穿戴。平民百姓家的女子，只有在大婚的时候才能穿戴"凤冠霞帔"。在一位女性一生中重要的时刻，佩戴霞帔坠寓意着夫妻二人举案齐眉，琴瑟和鸣，可谓是最好的祝福。白居易曾有诗云："虹裳霞帔步摇冠，钿璎累累佩珊珊。"每读此诗，脑海中往往会浮现一位新婚女性穿戴凤冠霞帔，霞帔坠随着轻巧的步伐微微摇动的画面。霞帔坠之中，必然饱含着一份真挚的祈愿。

宋代玉带与玉带饰

"青青子衿，悠悠我心。"这句出自《诗经·郑风》的诗句经过了曹操的引用，可谓家喻户晓。虽然曹操用这句诗来表示自己求贤若渴之情，但它原本的出处却是一首相思之诗。作者不断咏唱着恋人身上的"衿"与"佩"，表达自己"一日不见，如隔三秋"的焦急心情。那么，诗中所说的"衿"，到底是指什么呢？

不同于现代人通过纽扣和拉链来系住衣服使之贴身，古人的服装一般宽袍大袖，并不用纽扣来连接，而是在衣襟处做出几根带子，通过打结的方式来系住衣服。这种带子就叫作"衿"。正如《说文解字》中记载："紟，衣系也。""紟"，即"衿"的异体字。清代大儒段玉裁为之注，写道："联合衣襟之带也。今人用铜钮，非古也。"正是对"衿"比较权威的解释。

从作用上来看，"衿"这种事物对应着后世的腰带。在古代，腰带除了作为一种收紧衣服的工具和服装上的装饰之外，还是一种重要的礼器。我国自古就是礼仪之邦，因此无论是身穿官服还是常服，无论是出席何种场合，都需要腰带来彰显礼仪。就像《南史·刘琎传》中所记载的："（琎）方轨正直……兄瓛夜隔壁呼琎，琎不答，方下床着衣立，然后应。瓛怪其久，琎曰：'向束带未竟。'其立操如此。"即使是亲如兄弟，在见面时也需要束好腰带。古人对腰带的重视可见一斑。

如此重要的腰带，在不同的朝代也有不同的形制。早在先秦时代，人们就已经开始使用腰带。这时的腰带按照材质不同大体可以分为两类：一类是皮革做成的，被称为"鞶革"或"鞶带"；另一类用丝帛做成，称为"大带"或"丝绦"。丝帛做成的腰带男女都可以用，但皮革制成的鞶带一般只有男子使用。随着腰带的不断发展，人们在皮革腰带上增加了很多装饰，这些装饰称为"带銙"，由玉制成的也叫"玉带板"，装饰着"玉带板"的腰带被称为"玉带"。早期的玉带除了装饰之外，还配备了很多钩环，用来携带各种随身小物。这样的玉带也被叫作"蹀躞"，早在战国年间就已经出现了。到了唐宋之际，玉带已经成为搭配官服的标准腰带，而且制定了专门的制度，用来规定玉带的形制。如程大昌《演繁露》卷十二中记载

道："唐制五品以上，皆金带，至三品则兼金玉带。本朝玉带虽出特赐，须得合门关子许服，方敢用以朝谒……本朝亲王皆服玉带。"《宋史·舆服志五》中也曾说："太平兴国七年正月，翰林学士承旨李昉等奏曰：'奉诏详定车服制度，请从三品以上服玉带，四品以上服金带。'"可见唐宋时期，玉带已经逐渐规范化，并成为高级官员的标志性饰物了。

由于皮革保存不易，现今的出土文物中完整的并不多见，但皮革上的玉带板和其他的装饰物件就比较容易保留下来。如图所示的玉带饰，最宽处为 3.7 厘米，长 3.7 厘米，整体由玉制成，呈扁圆形，表面微微带着赭石色的斑。中间有一方形孔洞，形状较扁，应是穿绳所用。在宋代，腰带这类物品，都是由官方专门的机构来制作。宋太宗曾于太平兴国三年

宋代玉带饰

（978）设立了"文思院"，主要制造供宫廷及在京诸司使用的器具，其中就包括服装与腰带。这些玉带饰自然也是出自文思院之手。玉带饰除了图中这种朴素的式样，还有近似于唐代的、有雕刻的式样，雕刻的图案或是儒者形象，彰显"高士"之风度；或是珍禽瑞兽，象征祥瑞之气。不过，宋代儒学兴盛，强调"礼制"，各级官员必须严格按照规定的形制来使用玉带饰，不能随意佩戴。

虽然宋代贵族以金来装饰腰带更加普遍，但玉带往往意味着更高的等级和功勋。《石林燕语》卷七中有所记载："国朝亲王皆服金带。元丰中官制行，上欲宠嘉、岐二王，乃诏赐方团玉带，著为朝仪。"可见在宋代，官员包括一些皇亲贵族，上朝都是佩戴金带，而皇帝若将玉带赐予大臣，则代表着皇帝对臣子无限的宠爱与褒奖。拥有玉带的宋代官员为了彰显身份的尊贵，往往还要在腰带之上再系一条腰带。这条腰带被称为"看带"，专门用来凸显身份的。下面的腰带才是真正系住衣服的腰带，叫作"束带"。《宋史》中记载了这样的一个故事：官员王旦有一天同时佩戴了看带和束带。他的弟弟看到之后就询问他："你在腰间系着两种玉带，自己能看到吗？"王旦却回答说："自己能否看到倒是不重要，重要的是要让别人看得见！"可见，宋代贵族对于拥有玉带是非常骄傲的。

作为高级官员的象征，玉带一直延续到明朝，并在明朝发展至鼎盛，至今还能在戏曲中看到，身着蟒袍的帝王将相或后妃贵妇等身份尊贵的人物，往往都会配有玉带。"蟒袍玉带"还成为一个成语，指古代的官服或是戏曲中帝王将相的衣服。据《天水冰山录》记载，当时查抄权相严嵩时，收缴玉带202条。《明史·钱宁传》中记载佞臣钱宁家收缴玉带2500条，明人对玉带的收藏可谓狂热。清朝时期，整个社会的服装制度发生了翻天覆地的变化，作为"礼"的重要载体的玉带与玉带饰，也随之走向了终结。

黄涣墓出土宋代漆茶盏及盏托

　　茶在中国的历史非常悠久，在千余年的发展中演化出众多的品种、烹制方法和饮用方法。到了两宋时期，随着经济和文化的飞速发展，茶的饮用在民间已经相当普遍，茶业也形成了采茶、制茶、供货售卖的"产业链"，经济发达的城市如汴京、临安等地，还产生了专门喝茶的茶肆一类的场所。饮茶者也包含了各种三教九流的人物，如王明清在《摭青杂说》中记载道："茶肆上有一小棚楼，主人捧小梯登楼，李随至楼上，见其中收得人所遗失之物，如伞扇衣服器皿之属甚多……僧道妇人曰'僧道妇人'，某杂色人则曰'其人似商贾，似官员，似秀才，似公吏'。"宋代饮茶习惯之广泛，可见一斑。"活水还须活火烹，自临钓石取深清。大瓢贮月归春瓮，小杓分江入夜瓶。雪乳已翻煎处脚，松风忽作泻时声。枯肠未易禁三碗，坐听荒城长短更。"当大文豪苏东坡因政见不合而被贬儋州时，于一片未曾开发的荒凉之地，也曾通过亲手烹茶来排遣理想破灭的落寞情绪和消解背井离乡的孤苦心怀。

除了饮茶风气的流行，烹茶的方式也逐渐发生变化。自唐以来盛行茶道，即通过烹茶、饮茶的过程，来达到精神上的愉悦与哲学上的体悟。因此，烹茶、饮茶的方法也成为一种艺术形式，产生了固定的流程和多样化的器皿。到了宋代，茶道之风更盛，文人的参与，让流程与器皿变得更加精巧与雅致。

1998 年 11 月，在福建邵武市水北镇故县村发现了一座宋代墓葬，出土的文物除了文房用具、日常用器之外，还有成套精美茶具。这不但为宋代建茶的兴盛提供了实物佐证，还填补了多项宋代茶具空白。建茶，因产于建溪流域而得名。出土文物中，有一件长 10 厘米、高 9.5 厘米的"双层方盒"。经过考证，这是一件宋代的银质茶笼，整体为方形，用银丝编织而成，为斜六角形的镂空图案，盖以子母扣相合，内有双层。茶笼，一般用来盛放茶饼，挂在阴凉通风的地方，来保持茶饼的干燥。

与今天人们常喝的散茶不同，风靡两宋时期的茶一般被称为"团茶"，也就是茶饼。团茶的制作有着复杂的工序和严谨的流程。据宋代赵汝砺在《北苑别录》的记载，团茶的制作要经过蒸茶、榨茶、研茶、造茶、过黄、烘茶等六道工序。新鲜采下的茶叶需要在水中浸泡，然后蒸茶，蒸熟后再用冷水清洗，压榨去汁、充分研磨，最后用模具压制成饼状，这就是团茶。团茶在皇宫内院、文人士大夫阶层和上流社会的盛行，在宋太宗时期就已经开始了。宋太宗在北苑御茶园中设立了专门焙茶的机构，还特制了龙凤图案的模具，北苑贡茶更是成为茶中的御用上品。

团茶制成后，为了保留茶香，茶叶贮存的地点不能有其他香料或药物。唐代的茶圣陆羽在《茶经》当中就提到，茶饼在蒸熟热捣之后要用"纸囊贮之"，并认为"纸囊以剡藤纸白厚者夹缝之，以贮所炙茶，使不泄其香也"。宋人在继承唐人方法的同时，为了保持干燥的环境，茶饼需要用箬叶（即嫩蒲草叶）包裹以后用微火烘烤，用来去除茶饼内吸收的潮气。烘烤时盛茶和烤后密封储存的器具，都是茶笼。宋代蔡襄在《茶录》中写道："茶不入焙者宜密封，裹以箬，笼盛之，置高处不近湿气。"其中的"箬笼"便是用嫩蒲草所编制的茶笼。南宋审安老人所著的《茶具图赞》中，还将茶笼称作"韦鸿胪"，认为茶笼是让珍贵的茶饼免于烧灼的"保护神"。书中赞道："祝融司夏，万物焦烁，火炎昆岗，玉石俱焚，尔无与焉。乃若不使山谷之英堕于涂炭，子与有力矣。上卿之号，颇著微称。"

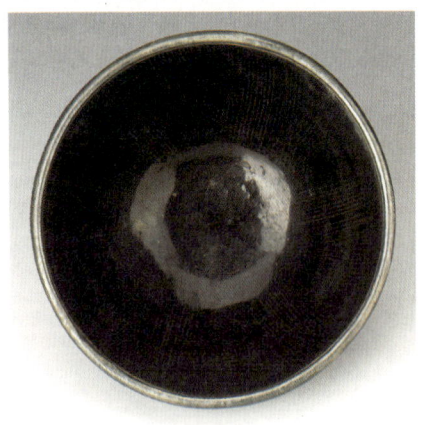

福建邵武南宋黄涣墓银扣漆兔毫盏

此外，墓中出土的茶器还有包括茶末盒、茶末瓶、茶匙与茶碟在内的一套银制茶具，以及由镶银扣漆盏托和镶银扣描金漆盏组成的漆茶盏。

这批茶具的主人黄涣（1147—1226），是南宋大哲朱熹的弟子黄榦的家族成员，自31岁中进士以后，曾任太学博士、岳州知州等官，在任时为官清廉，颇有政绩。作为深受儒家思想影响的士大夫，或许他也曾有过需要烹茶来解开心结的时刻吧。我们无法考证苏东坡烹茶时有没有用到茶笼这样的茶具，嫩蒲草茶笼也于时间的流逝中消失，唯有黄涣的银制茶笼留了下来。而这件茶笼，也是目前出土文物中唯一的宋代茶笼。它不但见证着宋代茶文化的演变和发展，更可以让今天的人们感受到宋人在制茶和饮茶中为之倾注的热忱。

定窑旋纹笠式盏

宋人爱茶，可谓是爱到"痴狂"。单从诗歌上看，宋代与茶相关的诗有上千首，作者多达两百多位。大文豪苏东坡不但将茶比作佳人："要知冰雪心肠好，不是膏油首面新。戏作

小诗君一笑，从来佳茗似佳人。"更是常常亲手煎茶。南宋诗人陆游也曾写过："雪液清甘涨井泉，自携茶灶就烹煎。一毫无复关心事，不枉人间住百年。"这都是宋人爱茶之缩影。

除了对好茶情有独钟以外，宋人对茶器的追求也是至精至美。茶道兴起于唐而鼎盛于宋，所用的器具也发生了很大的变化。唐代喝茶的器具叫作"茶碗"，是人们对大口、矮足的喝茶器皿的统称，形制类似我们现在的敞口大碗。到了宋代，"茶碗"的称呼变成了"茶盏"。"盏"的本义是盛液体的小杯子，宋代的茶盏较唐代的茶碗尺寸更小，整体形状上，一种盏口和盏沿相对较直，微微收口，一种则是延续了茶碗的敞口，并将敞口做得更大，形似喇叭。笠式盏就是敞口茶盏的重要代表，也是宋代茶盏中独具特色的一类。顾名思义，笠式盏的形状像一个倒置的斗笠，口大足短，腹部不深。就如这件定窑所制的旋纹笠式盏，高 3.8 厘米，口径 12.2 厘米。在这件笠式盏内部，有许多从茶盏中心向口沿方向划出的 S 形线条，每条线的形状都有所不同，整体呈顺时针旋转的样式，形如菊花花瓣，又如太阳，颇具异域风情。这种纹样实际上是受到唐代以来与西域地区文化交流的影响，到了宋代已经成为常见的纹样。在辽代和南宋的墓中也同时出土了许多类似纹样的器皿，同期的耀州窑瓷器的纹饰中也有旋转式的荷叶、龟等图案。

宋人究竟为何要将茶盏做成这种敞口形状呢？这就要说到宋代流行的饮茶方法了。饮茶兴起于唐代，唐人饮茶，用的是"煎茶法"。根据茶圣陆羽的说法，煎茶法的步骤有"备器、择水、取火、候汤、炙茶、碾茶、煎茶、酌茶、品茶"等。煎茶法需要把茶叶炙烤、冷却之后碾碎成末，加入沸水中煎煮，并加入大量的调料。宋人则更注重品味茶叶本身的香气，因此发明了"点茶法"。这种方法是将茶饼焙烤过后研磨成末，再将茶末放入茶盏之中，加入少量的沸水，调制成浓稠的糊状；之后将大量的沸水注入茶盏，使用特制的工具——茶筅不断地击打水面，同时转动茶盏。这时茶盏中的茶汤会泛起朵朵雪白的"汤花"。宋人为之取了个好听的名字叫作"战雪涛"，极具风雅之味。同时盏中的茶末也会上浮，形成"粥面"，饮用时随茶汤一起喝下。这就是点茶法的程序。苏东坡在《送南屏谦师》一诗中写到的"道人晓出南屏山，来试点茶三昧手"中，提到的"三昧手"指的就是点茶大师。在宋代，上至朝廷官场，下至市民茶坊，都在使用这种点茶法来饮茶。宋徽宗赵佶还专门写了一本《大观茶论》，记述了当时的茶文化。现在日本的抹茶制作和茶道文化，也是从宋代的点茶法发展而来的。

方便茶筅于茶盏中击打茶汤表面，这是宋代茶盏设计为敞口的原因之一。除此以外，茶盏的设计还和"茶界"的比赛有着紧密的联系。这种比赛称为"斗茶"，唐代就已经出现，称为"茗战"，到了宋代更加流行。斗茶的评判，主要是从茶汤、汤花的颜色和水痕出现的时间三个方面来看。茶汤以纯白为最好，青白、灰白、黄白则相对劣势；汤花的颜色也是鲜白最好。点茶之后，茶盏内的汤花在停留一段时间后会消失，茶汤重新出现在表面，这就是"水痕"。谁的水痕出现得晚，谁就能够获胜。斗茶的场所一般选在比较知名或规模较大的茶店，有些人家也会设在自己家的内室或庭院，总之需要一处环境清雅的场所。斗茶一般两人或多人共斗，由参加斗茶的人轮流品尝来判定胜负，一般是三斗两胜。斗茶对于茶叶的品类、质量，点茶的技艺，使用的茶器等各个方面都有极为苛刻的要求。茶盏这种敞口的茶器，便于人们观察茶汤、汤花及水痕，因此在斗茶活动中也是非常流行的。

除了斗茶，宋人在寻常的游艺中也常用到烹茶。在点茶过程中，运用高超的技巧，能够通过点茶，在茶面上画出各种图案花纹，有点类似西方的咖啡师在制作拿铁咖啡时用牛奶在咖啡表面拉花的样子。这种游艺被称为"茶百戏""水丹青""汤戏"等，又称"分茶"。陆游在《临安春雨初霁》诗中的名句"矮纸斜行闲作草，晴窗细乳戏分茶"所指的就是这种游艺。敞口的茶盏也为这种游艺的实现提供了便利。

茶盏除了这种笠式盏，还有兔毫盏、鹧鸪斑盏、油滴盏等多种款式。因为点茶后汤花为白色，所以黑色釉面的茶盏也盛极一时。宋代的茶文化可谓是将茶玩出了新花样，这不但是宋代物质文明极大发展的证明，更彰显着宋人在精神生活和审美意识上的追求。

宋代鎏金双龙纹银盘

　　说到盘子，人们的第一反应大多是盛菜盛果的餐饮用瓷盘。但是在追求至精至美的宋代，盘子也因其各异的精心的设计和铭刻而独具特色，用途上也玩出了新花样。1984年，武汉市江夏区宁港乡东阳山出土了一件宋代的直径16.5厘米、重108克的鎏金银盘。这件银盘通体以鎏金工艺打造，呈对称的六瓣葵花形。腹部较浅，圆心和外形一样呈六瓣葵花状，周围以细线刻出花叶的图案。银盘中间的两条龙最为突出，一左一右对称分布，龙头则一上一下，全身蜿蜒盘旋，于云纹中盘旋翻飞，正在辗转腾挪、追逐嬉闹，动作神态栩栩如生，故被称为鎏金双龙纹银盘。

　　盘作为日常使用的器物，早在商朝就已经出现了。早期的盘腹部大多较深而有足，到了春秋时期有了浅腹的盘，战国之后基本就没有足了。按盘的功用来看，一般这种浅腹的盘，除了会用作盛放食物的菜盘和放置茶具的茶盘之外，还能作为盥洗用具。如《礼记·内则》中就记载道："进盥，少

宋代鎏金双龙纹银盘

者奉盘,长者奉水,请沃盥,盥卒,授巾。"《礼记·丧大记》
中记载了"浴水用盆",亦为佐证。目前出土的盘类文物材质
非常丰富,除了青铜盘、瓷盘、木盘之外,金银盘数量也颇为
可观,工艺也相当精湛。金银器的制作历史悠久,早在唐代以
前,金银器就已经成为专门的手工制造业,铸造、锤揲、鎏金、
掐丝、焊缀金粒和镶嵌等技艺已经基本成熟,但并未形成产
业链。自唐以来,随着金银矿的陆续发现和采集,金银器的制

作达到了一个高峰，其风格堪称"富丽堂皇"，使用者也大多是皇室成员和富贵人家。唐代的著名诗人"四明狂客"贺知章就曾经写过："钑镂银盘盛蛤蜊，镜湖莼菜乱如丝。"金银盘在达官贵人之间的受欢迎程度可见一斑。

到了宋代，随着技术和工艺的不断发展，金银矿的开采量更大，一些地方的年产量甚至能超过唐代全国的年产量；再加上社会经济的发展，金银器逐渐商品化，且进入民间，成为更为普遍的日常用具。《东京梦华录》中就曾经记载，在宋代，上至皇亲国戚、王公大臣、富商巨贾，下至秦楼楚馆、酒肆茶坊，都使用了大量的金银器，可见其普及的程度。金银器的工艺也更加完善，锤揲、浮雕、鎏金等技艺的进步降低了铸造成本，给器型和纹样的设计都留下更大的空间。像这件鎏金双龙纹银盘，就采用了锤压、錾刻、鎏金等多种技法，将六瓣葵花形的器型与双龙纹饰结合起来，充分展示了宋代金银器高超的制造工艺。

宋人用盘，除了日常餐饮之外，还有一个特殊的用途，就是"摆果闻香"。著名的才女李清照在她的《念奴娇》词中写道："被冷香消新梦觉，不许愁人不起。清露晨流，新桐初引，多少游春意。"这里的"冷香"指的就是花果的清香。除了焚香、插花闻香之外，宋人常常将一些香果摆在盘中用来闻香，所用的果大多是芸香科柑橘属的香橼、橙子、柑橘之类。宋人还常常用它们为衣服和床帐熏香，宋词中所谓"红绡帐里橙犹在""曲屏深幔绿橙香""梦回橙在屏风曲"等描写都是如此。宋人还专门培育了香橼中的佛手，香气更加浓郁，而且可以久放，外形又很特别，佛手也因此深受宋人喜爱。宋代的《证类本草》就曾说佛手"香氛大胜柑橘之类，置衣笥中，则数日香不歇""人爱其香气"。盘子也作为宋人摆果闻香的载体，在餐饮之外发展出别样的用途。

在这件鎏金银盘上，最引人注目的便是双龙腾云的纹饰。《周易》的乾卦卦辞中有"云从龙，风从虎"的说法，意思是说龙出现的时候会有云相伴，老虎出现的时候也有风相随，意为"同声相应，同气相求"。所以出现龙纹时，大多都伴随着云纹。我们现在熟知的龙的形象也是在宋代定型的。作为中华民族的象征，龙的形象在新石器时代的早期就已经萌芽，至今约有八千年的历史，在各个朝代有不同的特点。商周时期的龙纹分为两种：一种是蛇身无爪，类似鳞虫形态；另一种则为兽体，眼大而圆，出现了四肢和爪子，尾巴卷曲。到了春秋战国时代，兽形的龙成为主流，爪子有三个脚趾，龙嘴大张，龙角后卷。秦汉时代，龙纹则变成了牛头大耳，龙角对称而细长，身体类蛇而四爪，出现了须子和翅膀。隋唐时期的龙，龙角开始分叉，圆眼变成狭长的凤眼，鳞片从鱼鳞变成方格的网状鳞片，龙爪也从兽爪变成了鸟爪，整体气质开始变得雍容而威严。到了宋代则形成了与我们现在常见差别不大的龙：龙头上龙角、龙发和胡须齐备，身体似蛇而从头至尾逐渐变细，四肢都有羽毛，脚趾有三到五个。这件鎏金双龙银盘，其龙纹并非宋代的主流形态，而是近似秦汉时代的龙纹，可见又是宋代的仿古制品。宋人好古，可谓确论。

作为至高无上的权力和地位的象征，龙纹自然只能由皇室所用。这件鎏金银盘银器历经八百余年，虽有部分氧化变黑，但整体却仍保留了最初清晰的纹理和华丽的色泽，虽不知其来历，但因深埋于地下而得以保存，或许这也算是"因祸得福"吧。

龙泉窑青釉鬲式三足炉

　　焚香——这件在现代看起来无关紧要的事情，在古代却被誉为"高雅之首"，这是因为焚香和古代的祭祀、敬神行为有着密不可分的联系。焚香在我国的历史非常悠久，最早可以追溯到上古时期的祭祀活动。自周朝以来，天子在祭祀时会通过燃烧柴禾产生的烟来祭天，称为"烟祀"。《周礼·春官·大宗伯》中记载："以禋祀祀昊天上帝，以实柴祀日月星辰，以槱燎祀司中、司命、风师、雨师……""禋""实柴""槱燎"都是通过熏烧香草的方式与神灵沟通，根据神灵地位的不同，所选的木也有所不同。周人认为，在烟祀中通过焚烧而产生的烟气带有一种特殊的香味，这种香味不但周人自己喜爱，还能够与神灵进行沟通，祭祀中提出许愿或请求也就更容易被神灵所感知。

　　这样的祭祀方式一直延续到汉朝。因为我国气候和地缘所限，国内难以种植香料，因此在当时，与现代相似的"焚香"活动仍未出现。直到汉朝打开了西域与中原的通道，南洋地区的香料和制香工艺才传入中国。但因为价格高昂，此时的焚香活动仍只限于贵族和上流社会。魏晋南北朝时期，佛教渐兴，加之本土的道教愈加兴盛，焚香作为佛、道两教共同推崇的修行手段，才被民间所广泛知晓，焚香文化得以快速发展。就连现代的普通人接触焚香活动，往往也是在寺庙或道观中。隋唐两代的发展，尤其是唐代对于佛、道两教的提倡，为焚香文化的发展提供了更好的契机。到了两宋时期，焚香活动已经作为一种雅事，成为文人士大夫阶层的"标配"，更不用说皇室和贵族阶层了。

伴随着焚香文化越来越普及，焚香活动不但有了标准化的流程，更有了专用且多样化的器具，焚香用器在两宋时代更是得到了蓬勃的发展。单拿香炉来说，就分为博山炉、手炉、香斗、卧炉、香筒等各种形状，材质也有陶瓷、金属、竹木、玉石等多种。现藏于故宫博物院的龙泉窑青釉鬲式三足炉，就是其中的代表。这件香炉呈梅子青色，高 12.4 厘米，口径 14.5 厘米，足之间的距离为 9.2 厘米，整体形制仿造周朝的青铜鬲，因此被称为鬲式炉。

鬲在商周时代是最重要的青铜器之一，用法与鼎基本相同，一般在祭祀、宴饮等庄严隆重的场合作为烹饪食物的用具。鬲的基本形制一般为三足，腹部较扁圆，用来盛物；颈

龙泉窑青釉鬲式三足炉

部则收束，到鬲口而成平沿。根据《汉书·郊祀志》的记载：
"其空足曰鬲，以象三德。"意为鬲器有三个中空的器足，用
以象征三德。而所谓"三德"，不同典籍的记载也不相同。如
《尚书》中称"三德"为"正直、刚克、柔克"，《周礼》中
认为是"至德、敏德、孝德"，《中庸》中则认为是"知、仁、
勇"。但归根到底，都是君子应该具有的各种品质和美德。

　　作为象征着国家权力和中央权威的重要礼器，鬲也受到
了宋代统治者的喜爱。因此，根据"官方文件"《宣和博古图》
中所记载的商周鬲的标准形制，朝廷命各大官窑烧制鬲式香

炉，供皇室、地方官府和贵族士大夫阶层使用，其用途也从烹饪食物转为焚香，成为一种雅器。这件青釉鬲式三足炉就是由当时的名窑——龙泉窑烧制的。龙泉窑位于浙江龙泉，属于南方的青瓷烧制系统，更是宋代六大窑系之一，历史非常悠久。龙泉窑于三国两晋时代就已经开始烧制瓷器，生产历史持续了 1600 余年，直到清代仍有瓷器产出。其作品不但是皇家贡品中的常客，更是远销海外，深受世界人民的喜爱。龙泉窑烧制的青瓷可以说是我国青瓷生产工艺的顶峰，以粉青釉和梅子青釉为典型代表。特别是梅子青釉，因为颜色上不输翡翠，因此经常被好古的宋人用来制作仿古的各类器皿，且仅在南宋时期有所产出，具有鲜明的时代特色，故而传世数量极少，相当珍贵。

宋代自立朝，便吸取了唐末藩镇割据的教训，而采用重文轻武的基本国策。有宋以来，中央集权进一步加强，加之儒学立国和理学的盛行，文人士大夫阶层形成了简约、复古、素净、淡雅的美学风尚。这件青釉鬲式三足炉就是例证。仔细观察炉腹，可以发现在香炉腹部至足部之间，有着浅白色的、凸起的几条棱线，这便是为了仿照商周时期青铜鬲古朴的装饰纹样而设计的。原本这几道纹路也是青色，但因为凸起处釉层较薄，因而有浅白色的瓷体露出，形成了规整而醒目的白线，为整体苍翠欲滴的颜色增添了一份古意。

经济基础决定上层建筑，从烹饪食物的用器到焚香雅事的用器，由鬲到炉用途的变化，见证了我国从商周至宋代经济文化的飞速发展和人民生活水平的提高。当宋代的文人们焚香沐浴，在书斋中读书操琴之时，会不会想起我国勤劳勇敢的先民，为后世的浪漫生活所付出的血汗和努力呢？如今我们在面对这些古物之时，不也应做出这样的思考吗？

钧窑天蓝釉三足香炉

两宋时期，有一位词人可谓是"燃香博主"。他的词中使用了大量的"香"字。除了用作描写草木、女子等物或人的美好之外，还有大量和燃香、品香等活动相关的诗句，如"燎沉香，消溽暑""箫鼓喧，人影参差，满路飘香麝""寄将秦镜，偷换韩香"等。这位词人就是婉约派宋词的集大成者——周邦彦。

周邦彦作为宋代文人士大夫阶层的典型代表，从他的诗词中可以看出，焚香、品香已成为一种雅好，深入文人士大夫的日常生活。而作为燃香的重要器具，香炉也在历史发展中不断发生着变化。到了宋代，香炉的形制已经非常多元，不但有仿古制的博山炉、鬲式炉，还有动物造型的金属香炉等。而其中最有时代特色的，还是宋代官窑所烧制的三足炉。首都博物馆藏有一只高 9.8 厘米、口径 11.4 厘米的天蓝釉三足香炉。这只香炉产自钧窑，整体呈清透的天蓝色；底有三足支撑，皆是兽足样式；腹圆而鼓，颈部收束有沿，出土于北京双塔寺,是一件典型的宋代香炉。

这种三足的样式,最早来源于商周时期的青铜器——鼎。鼎虽然是用来烹煮食物的器具,但同时也作为礼器,是国家权力和中央权威的象征,在青铜器中有着至高无上的地位。汉代许慎在《说文解字》中提到:"鼎,三足两耳,和五味之宝器也。"三足象征着三方并立,相互对峙、相互抗衡。商周时期所铸的青铜鼎往往又大又重,而三足的稳定性最强,因为三足均匀地分布于三角,即使地面不够平整,三足的鼎也能够立稳不动。"三足鼎立"的成语,也生动形象地说明了这一点。若需要取食,则只需向一足的相反方向用力,即可轻松地将鼎倾斜过来,便于取

双塔寺钧窑天蓝釉三足香炉

食。而到了宋代，在崇儒的风气下，曾经作为国之重器的鼎被热爱仿古、倡导礼制的宋人整体缩小置于房间案头，也不再用来烹煮食物，而是成了焚香、品香之雅器。虽然使用的方式和场景都发生了极大的改变，但鼎式香炉和作为礼器的鼎在用途上是异曲同工的。

天蓝釉三足香炉出自宋代"五大名窑"中的钧窑，钧窑产出的瓷器，历来被人们称为"国之瑰宝"，以"釉具五色，艳丽绝伦"的特点为人称道，更有"黄金有价钧无价""家有万贯，不如钧瓷一片"的俗语。钧窑位于今天的河南禹州，因禹州在北宋名为钧州，故称钧窑。钧窑的独特风格，来源于对柴窑和鲁山花瓷风格的吸收和综合，并且深受道家思想的影响。尤其是北宋徽宗年间，因为宋徽宗自己就是道教的忠实拥趸，自称"教主道君皇帝"，编造并宣扬"天神下降"的神话，还不顾财政紧缺的状况而执意大兴土木，增建和扩建了大量的道教宫观。因此，道教在宋徽宗时期几乎成为国教。而位于汴京附近的钧窑，自然受到道教审美风尚的影响，钧窑烧制的瓷器在形制和图案上都体现出自然天成、朴素恬淡的特点。

钧窑对烧制出来的瓷器质量要求非常严格，如果窑变后成品不合格，则会就地打碎掩埋。因此，凡是钧窑出品的瓷

钧窑天蓝釉三足炉
故宫博物院藏

器，基本上都有窑变后自然形成的颜色或纹理，质量几乎都是上乘。这样烧制出来的瓷器每一只都可谓独一无二，正与道家自然天成的思想暗合。这也是钧窑瓷器珍贵和闻名于世的原因之一。

在故宫博物院中，也藏有一件钧窑烧制的天蓝釉三足炉。这件香炉高 7.2 厘米，口径 7.9 厘米，足距 5 厘米。与双塔寺三足香炉相比，这件三足炉年代稍晚，造型上足较短而腹较高，口部的边缘呈酱黄色。除此之外，钧窑还有碗、盘、瓶等陈设用具，均是以天蓝釉烧制。这一类瓷器被称为"传世钧瓷"，在清朝也深得皇帝喜爱，宫中多有收藏。而双塔寺三足香炉底部，也有墨色字迹，写着"庆寿水陆供圣"六字，说明它也是皇家贡品。尽管相隔数百年，尽管时代环境、审美风尚都有所变化，可这些钧瓷，仍然宛如一片青天，见证着一代代君王的更替和朝代的变迁。也许，除了烧制技艺和艺术水平的高超之外，浓厚的历史感和沧桑感也是传世钧瓷的魅力之一吧。

耀州窑青釉刻花倒灌壶

俗话说"人往高处走，水往低处流"，人们向茶壶、酒壶中灌水，一般需要打开壶盖，从上往下将水倒入。然而，宋代有一种壶，偏偏要打破这种自然规律。这种壶顶端没有盖子，只有一个昂首振翅、状若飞翔的凤凰作为提手，旁边有一个壶嘴。从壶嘴灌水入壶显然不太现实，那么水究竟是如何进入壶内的呢？

原来，在壶的底部有一个花朵形状的小孔，倒水时需要先将壶倒置，把水从底部的小孔中灌入壶内，再将壶身摆正，和正常的壶一样从壶嘴将水倒出即可。而在壶身摆正之后，水也并不会从壶底的小孔中漏出，确实是一把神奇的壶。这把壶现存于陕西历史博物馆，是一件耀州窑青釉刻花倒灌壶。壶高 18.3 厘米，腹径有 14.3 厘米，整体造型偏圆，呈柿子状，壶顶还有柿蒂装饰，谐音而取"事事如意"之意。

壶以青釉烧制，并刻花其上，故称"青釉刻花倒灌壶"。

耀州窑青釉刻花倒灌壶

壶身花纹以缠枝牡丹为主，刻花刀法细腻、注重细节，牡丹花瓣的纹理历历可数；枝条上则用圆活的线条，勾勒出蜿蜒缠绕之意，颇具立体感，栩栩如生。牡丹下还有仰天开放的莲花，正与牡丹交相辉映。壶身的花纹整体来看十分富丽，尽管采用了多种刀法和图案，但丝毫没有拥挤之感，反而安排得错落有致、疏密分明。壶嘴处也体现出了设计者的巧思：整个壶嘴由一大一小的一对子母狮子组成，出水口即是母狮张开的口，极为生动逼真。凤凰、柿子、牡丹、莲花、狮子，古人认为这些事物象征着吉祥和幸福，设计者将这些元素置于壶身，表现出当时的人们对幸福和美好生活的向往。

这样一把巧夺天工的壶，到底是如何实现从底部小孔注水，正放不漏的呢？原来，在壶内的中心设有一个中空而外直的导管，与壶的内部构成一个"连通器"，底部的小孔也就是导管的一端。当液体从小孔注入时，就会从导管的另一端流出而进入壶内。根据同种液体连通器内液面等高的原理，当壶被正放过来，只要壶内的液体保持液面不超过流口和导管的高度，也就不会从小孔中流出来了。原来早在宋代，我国勤劳智慧的劳动人民就已经在实践中发现了物理学的原理，确实值得现代人敬佩。

这件青釉刻花倒灌壶出自耀州窑。作为宋代六大窑系之一，耀州窑地处今天陕西铜川的黄堡镇，在宋代隶属于耀州，故称为耀州窑。耀州窑早在唐代就已经是瓷器的重要产地，著名的唐三彩就来自于此。宋承唐制，在耀州窑已有的成就之上，进一步推动耀州窑烧制工艺的进步和发展，号称"十里窑场"。耀州窑以青瓷最负盛名，经常被列为贡品。正如这件青釉刻花倒灌壶一样，耀州窑出产的青瓷，装饰方法随着时代的变迁而有不同的风尚。唐代和五代时，青瓷常常用划花的技法来进行装饰，大多为水波纹或一些花草图案。到了宋代则以刻花、印花为主，尤其是刻花瓷器，有着"巧如范金、精比琢玉"的美名。这件倒灌壶壶身的装饰花纹用的就是刻花技法。此外，宋代的印花也非常精美，而且图案多样，包括各种奇花异草和珍禽异兽，还出现了专供皇室使用的龙凤花纹。

形制如青釉刻花倒灌壶，一般用来盛酒。酒对于文人来说，往往有着特殊的意义。说到爱喝酒的文人，人们的第一反应大多都是大诗人李白。不过，从历代文人留下的作品来看，写酒写得最多的，其实是宋代的文学家苏轼。苏轼一生屡遭贬官，对他来说，酒是排遣忧愁的重要伙伴。单在徐州一地时，苏轼的"酒作"就多达 35 篇，更不用说他停留多年的黄州、惠州、儋州等地。除了苏轼之外，人们耳熟能详的柳永、欧阳修、李清照、辛弃疾等文学大家，也同样雅好饮酒。

宋人不但爱酒，更是将喝酒玩出了新花样。南宋的林洪所撰《山家清供》中曾经写道："暑月，命客泛舟莲荡中，先以酒入荷叶束之，又包鱼鲊它叶内。俟舟回，风熏日炽，酒香鱼熟，各取酒及鲊，真佳适也。（苏东）坡云：'碧筒时作象鼻弯，白酒微带荷心苦。'坡守杭时，想屡作此供用。"在炎热的夏天，客人们乘着一叶扁舟，缓缓游走在莲花荡中。采下新鲜的荷叶盛酒,再配上荷叶包裹的腌鱼肉,酒香、鱼香、荷叶香交织在一起,怎能不叫人心驰神往呢!

也许,此时船上的酒壶,便是形如青釉刻花倒灌壶一般,于这份闲适中增添一分雅致。也许船上的客人,正为那酒壶精巧的设计和精美的纹饰发出感叹而作诗呢!

黑釉刻花玉壶春瓶

　　传为唐代司空图《二十四诗品·典雅》有云："玉壶买春，赏雨茅屋；座中佳士，左右修竹。"文人雅士相约在茅屋赏雨同饮，桌上摆有玉壶春酒，周边翠竹林立，这样的情景真是赏心悦目，令人心旷神怡。唐人以"春"喻"酒"。《诗经·豳风·七月》中也早有记载："六月食郁及薁，七月亨葵及菽。八月剥枣，十月获稻。为此春酒，以介眉寿。"十月稻田丰收后便开始酿酒，等来年春天酿成，此之谓"春酒"。春季是新一年的开始，万物复苏，是一个充满希望的季节，所以人们现在也有用春酒来祭祀的习俗。

　　说到春酒，就不得不谈谈酒器。到了宋代，酒器也成为一种文化现象，逐渐形成了独有的风貌。玉壶春瓶是宋代经典的酒器瓶形，这件黑釉刻花玉壶春瓶高 21 厘米，口径 6.5 厘米，足径 7.5 厘米。瓶口向外撇，瓶颈非常纤细，这与瓶腹形成强烈对比。瓶面大部分施有黑釉，瓶腹中间一圈没有上黑釉，是素胎，上面刻了两圈水波纹。瓶子整体朴素大方，瓶

黑釉刻花玉壶春瓶

腹的一圈素胎尤为点睛之笔，颜色深浅合宜。中国的黑釉瓷器历史悠久，现在已发现最早的黑釉瓷器烧制于东汉时期，到了宋代，黑釉瓷器被大量烧制，主要与饮茶文化的发展有关。宋人在饮茶时喜欢"斗茶"，所斗的内容之一就是茶汤的颜色，茶汤越白则越为上品。而茶器越黑，则越能凸显茶汤之色白，这就促使了黑色瓷器的发展，而这种黑釉瓷器也慢慢进入酒器的行列中。黑釉又被称为"乌泥建""黑建"或"紫建"，算是一种比较常见的瓷器，但若是到了有才华的匠人手中，总能烧制出雅致不俗的黑釉瓷器来。就如这件玉壶春瓶，创造性地用黑釉和泥胎两色，呈现出典雅又不失活泼的特色来。

玉壶春瓶这个名字的由来，在民间有个传说，与八仙之一铁拐李有关。铁拐李平常喜欢游山玩水，有一次出游时路过景德镇，因为天气过于炎热，感到十分口渴，想找些水来解渴。可是附近没有人家也没有水源，他就拿起手里的拐杖使劲往地上一戳，戳出了一个大洞，紧接着洞口涌出了一股清澈的泉水。铁拐李大喜，连忙用双手捧起泉水喝了一口，竟然甘甜无比！他又大喝了几口，这下终于解渴了。

　　虽然已经解了渴，但这泉水的滋味令铁拐李回味无穷。于是铁拐李想找些器具把这甘甜的泉水带走一部分。可是附近荒无人烟，他就来到了观音阁想找些器具。可是观音阁的住持说他们只有碗，并不方便携带。铁拐李看着面前的观音像，观音手中持有一瓶。铁拐李灵机一动，找到一个瓷器作坊，随手一点瓷土，就做出一些和观音像手中相似的瓶子。他带着这些瓶子打算多装几瓶泉水，结果刚装了一瓶这眼泉就枯竭了。

　　铁拐李把剩下的瓶子放在一旁，带着装满清泉的瓶子离开了。过了一阵儿，景德镇的工匠们路过这里发现了铁拐李做的瓶子，就把瓶子带回作坊，并仿照这些瓶子的模样大量制作，这种形制的瓶子就被称为"玉壶春"。

这只是一种传说，关于这个名字的由来还有另外两种说法。其一出自苏东坡之口："玉壶先春，冰心可鉴。"唐代诗人王昌龄也早有诗云："洛阳亲友如相问，一片冰心在玉壶。"用来形容感情真挚，光明磊落。其二是说玉壶春在唐代是指一种酒的名字，后来就直接把用来装玉壶春酒的瓶子称为玉壶春瓶了。玉壶春瓶在宋代基本定型，成为中国器物的典型造型，还具有浓厚的宋代特点，深受大家喜爱。宋代以后由酒器慢慢向陈设器转变，审美的意义逐渐成为主体。

作为酒器的玉壶春瓶，承载着中国的酒文化。自古以来，中国酒文化源远流长，相关研究著作不胜枚举。酒已然成为生活中非常日常的一部分，宋代诗词对此有诸多描述，如东坡谈酒："持杯摇劝天边月。愿月圆无缺。持杯更复劝花枝。且愿花枝长在、莫离披。持杯月下花前醉。休问荣枯事。此欢能有几人知。对酒逢花不饮、待何时。"（《虞美人》）从东坡对饮酒的描述中，可以看出他对美好生活的向往与赞美，他饮酒爱酒的习惯与生活紧密相连，已成为必不可少的部分。在因"乌台诗案"被贬的时期，他还有酿酒的爱好，但闹了乌龙，喝了他酿的酒，朋友立刻就坏肚子了。这都是酒给人们的生活带来的情趣。

辛弃疾也是非常爱酒的人。他的作品《西江月·遣兴》：

"醉里且贪欢笑，要愁那得工夫。近来始觉古人书。信著全无是处。昨夜松边醉倒，问松我醉何如。只疑松动要来扶，以手推松曰去。"饮酒能使他暂时忘却生活中的烦心事，喝得酩酊大醉后倒在松树边。醉到什么程度呢？风吹得松枝摇晃，辛弃疾误以为是松枝想要搀扶他，赶紧用手一推：去！后来辛弃疾酗酒，身体越来越差，于是下定决心戒酒。

东晋时代的陶渊明曾说："酒中有深味。"宋代文人确实得了其中深旨。宋人陈与义与朋友饮酒赏春："忆昔午桥桥上饮，坐中多是豪英。长沟流月去无声。杏花疏影里，吹笛到天明。"对于中国文人来说，饮酒也是在表达一种对生活的态度。沉醉在酒的世界里，自己的灵魂与精神也得到安慰。中国文人正在这样的氛围里，诗意地生活着。

宋代白玉羽觞

"黄菊枝头生晓寒，人生莫放酒杯干。风前横笛斜吹雨，醉里簪花倒著冠。身健在，且加餐。舞裙歌板尽清欢。黄花白发相牵挽，付与时人冷眼看。"这是北宋著名的文学家、书法家黄庭坚所写的《鹧鸪天》。词中描写了作者饮酒的醉态，表达了自己风流自赏和不羁的生活态度。饮酒对于宋人来说是一件不可或缺的事，上至王公贵族，下至平民百姓，虽然地位不同，但对酒的热爱是相同的。

有了好酒，便要有好酒器。这件高 2.5 厘米、长 8.99 厘米、口横 9.0 厘米、底横 5.8 厘米的白玉羽觞就是其中之一。这件羽觞由白玉制成，杯口椭圆，底部扁平而杯壁较浅，壁上还饰有阴刻的云纹，绕杯一圈。羽觞附有一件木制底座，放置在一个湖绿色的织花锦匣之内，上写"白玉杯"三字。羽觞又叫作羽杯或耳杯，历史非常悠久，早在战国时代就已经出现。战国时期的青铜器上的铭文中，有一个金字旁加"和"字组成的字，发音为"舟"，是小船的意思。仔细观察

宋代白玉羽觞

羽觞的椭圆平底的器形，确实宛如小船。因为羽觞两侧有半月形的耳，如同鸟的翅膀，因此取"羽翼"之意，在汉代定名为羽觞。

羽觞之所以有双耳，是因为在古人的饮酒礼仪中，需要用双手持酒杯表示尊敬和礼貌，双耳式的酒杯就便于人们双手持杯。羽觞的广泛使用一直持续到魏晋南北朝时期，三国时期的才子曹植在《七启》诗中写道："于是盛以翠樽，酌以雕觞，浮蚁鼎沸，酷烈馨香。"其中的"雕觞"指的就是雕花的羽觞。后来，虽然羽觞到了唐代就已基本不再使用，但"觞"字逐渐成为了羽觞的简称，更演化为一切酒杯的代称。就如唐代李白的《留别曹南群官之江南》："愁为万里别，复此一衔觞。"宋代欧阳修《浣溪沙·灯烬垂花月似霜》："双手舞余拖翠袖，一声歌已醽金觞。"这里的"觞"指的都是其他形制的酒杯了。

羽觞的消失，也与唐宋之际的酒文化的变化有关。随着社会经济的发展，酒不再是贵族阶级的专属，饮酒的重心逐渐下沉，底层的文人和平民也可以饮酒。到了宋代，饮酒不但是宴饮的重要环节，更成为一种艺术。就像宋人费衮在《梁溪漫志》中写到的理论："饮酒，常在欲醉未醉时，酣畅美适，如春风和气中，乃为其趣；若一饮径醉，酩酊无所知，则其乐安在耶？"可见，宋人饮酒，强调在"欲醉未醉"之时，产生别样的情思。比如雅好书法却水平一般的宋仁宗，饮酒至微醺而书"四民安乐"四字，近臣纷纷称赞，称之为"笔势神妙"。大文豪苏东坡被贬于黄州，也经常"每有胜集，酒后戏书，以娱坐客，见于传录者多矣。独毕少董所藏一帖，醉墨澜翻，而语特有味"。诗文领域也有这样的情况。北宋政治家、文学家欧阳修好酒，不但给自己取号为"醉翁"，更写出了千古名篇《醉翁亭记》。南宋的朱敦儒也常在酒中填词，表达自己的愁苦："竹西散策，花阴围坐，可恨来迟几日。披香不觉玉壶空，破酒面、飞红半湿。 悲歌醉舞，九人而已，总是天涯倦客。东风吹泪故园春，问我辈、何时去得。"可见，宋代文化的蓬勃发展，与酒也有不解之缘。

除此之外，宋人在饮酒时，也不再像秦汉一样有严格的礼制要求，而是更加自由和开放，也更具娱乐性。宋人饮酒，往往要行酒令，增加饮酒的乐趣。好酒的欧阳修就曾发明一种叫作"九射格"的玩法，在当时的文臣中可谓盛行一时。宾客们先抽取酒筹，酒筹一共九枚，每枚上面都绘着一种动物。宾客用箭依次射向靶子，射中的动物对应抽到该动物酒筹的宾客，则需要饮酒一杯。欧阳修自己还说："酒祸起于争，争而为欢，不若不争而乐也。故无胜负、无赏罚。"认为这种玩法属于"君子之乐"。与此同时，还有很多文字游戏式的酒令，如明代的郎瑛就在《七修类稿·苏陈酒令》中记载了一些宋代酒令："陈循举酒令：'轟（"轰"的繁体）字三个车，余斗字成斜；车车车，远上寒山石径斜。'高谷答说：'品字三个口，水酉字成酒；口口口，劝君更尽一杯酒。'刘询答说：'矗字三个直，黑出字成黜；直直直，行焉往而三不黜。'"这种酒令促进了宋词的发展，一些词牌如《调笑令》《天仙子》等就是在酒令之中被确定下来的。

在这样极富娱乐性的场合之中，需要双手相持的羽觞自然显得不便，因此出现了各种单手可持的杯盏。而羽觞则因为宋人的"好古"而制成了礼器或摆件，不再做日常的使用。就像这件现藏于台北故宫博物院的白玉羽觞，或许也只是摆在木座之上或藏于锦匣之内，供人观赏或收藏，作为主人崇尚古意的象征。不过，作为酒文化变迁的见证者，羽觞可能也会为宋人的"会玩"而感到震撼吧！

官窑粉青釉胆式瓶

　　春秋时期，越王勾践战败以后，为了激励自己东山再起，经常睡在柴草之上，并且在床边悬挂了一枚苦胆，经常舔舐它，以提醒自己发奋图强，这就是著名的卧薪尝胆的故事。悬挂着的胆连着线形成了一个水滴状的造型，这种式样后来应用在花瓶中，称为胆瓶。胆瓶也叫胆式瓶，推测受到秦汉时长颈瓶的影响，始烧于唐代并流行于宋元明清，尤其受到文人墨客的喜爱，成为中式花瓶的代表性式样。例如这件官窑烧制的粉青釉胆式瓶，就是其中的代表。

　　这件胆瓶是南宋时期官窑所烧制的，在造型上呈直口、长颈、圆腹的式样，下腹部极为丰满，正是胆瓶的典型形象。瓶身使用粉青釉，釉面有诸多纹路，为开片纹。作为南宋名窑，官窑是南宋时期专为宫廷烧制瓷器的瓷窑，烧制出的釉色以粉青色为主，且官窑的瓷器往往存在"紫口铁足"的特点。正如这件粉青釉胆式瓶，瓶口处釉色渐薄，隐约显露出紫黑色的胎骨，被称为"紫口"；底部则是以紫金土为胎，因为氧化铁含量较高,足部部分露胎处呈铁黑色,被称为"铁足"。清代的谷应泰在《博物要览》卷二的"窑器"条中写道:"官窑……其土紫,故足色若铁……纹取冰裂、鳝血为上,梅纹、墨纹片次之,细碎纹,纹之下也。"官窑青瓷的釉色非常独特,像这件胆瓶所用的粉青釉,就是一种乳浊性的青釉,是通过铁和铁的氧化物的反应来达到美玉般的呈色效果。

官窑粉青釉胆式瓶

　　胆瓶的用途很多,不但可以直接作为陈设雅器,更可以用来当作花器,作插花之用。宋人对于插花可以说是情有独钟,这一风气在历朝历代的文人生活中显得独具特色。作为"文人四艺"之一,《梦梁录》中描述道:"烧香、点茶、挂画、插花,四般闲事,不宜累家。"可见插花是在宋代文人中非常普遍的雅好。许多文人士大夫都在自己的诗文中写到过插花，例如高翥的《春日杂兴》："多插瓶花供宴坐，为渠消受一春闲。"苏辙的《戏题菊花》中也有："春初种菊助盘蔬，秋晚开花插酒壶。"杨万里的《昌英知县叔作岁坐上，赋瓶里梅花，时坐上九人》七首其二："胆样银瓶玉样梅，此枝折得未全开。为怜落莫空山里，唤入诗人几案来。"杨万里的这首诗直接书写以胆瓶插梅花。甚至有些文人在出游时也要携带着桌几，为了"列炉焚香，置瓶插花，以供清赏"。宋人对插花之痴迷可见一斑。

不但文人爱插花赏玩，宋代就连民间也以摆花装饰为趣味。欧阳修在《洛阳牡丹记》中记载："洛阳之俗，大抵好花。春时城中无贵贱皆插花，虽负担者亦然。"大抵洛人家家有花。更有寻常女子爱花成痴："临安丰乐桥侧，开机坊周五家，有女颇美姿容。尝闻市外卖花声，出户视之，花鲜妍艳丽，非常时所见者比，乃多与直，悉买之，遍插于房栊间，往来谛玩，目不暂释。"（《夷坚志》）这些文字无不充分展现出宋人对花的热爱。

新鲜美丽的花材，更要以典雅之器来承载。因此宋代的花瓶极为多样，单是从材质来区分，就有玉瓶、瓷瓶、金属瓶等多种分类，款式更是有梅瓶、胆瓶、花口瓶等十余种之多。

而胆瓶又是宋代最受欢迎的花器，文学史上留下了很多歌咏胆瓶的诗文，如虞俦的《廨舍堂前仅有木犀一株，今亦开矣，为赋二绝句》其二写道："维摩丈室无人到，散尽天花结习空。犹有一枝秋色在，明窗净几胆瓶中。"李弥逊在他的词《声声慢·木犀》中也曾提过："睡梦里，胆瓶儿，枕畔数枝。"南宋的洪咨夔《夏初临·铁瓮栽荷》词中也说："铁瓮栽荷，铜彝种菊，胆瓶萱草榴花。"

胆瓶如此受宋人喜爱的原因，和宋代整体的审美风尚是离不开的。宋代文人在哲学上受到儒释道三家共同的影响，崇尚简约而含蓄的"尚意"之美，注重清雅、隽秀的气质体现。又受理学"格物致知"观念影响，相较于汉唐浓艳华丽的审美，宋人插花更偏爱精妙与理性之美，在整体造型之外体现出插花人的独特意趣。胆瓶口小腹大，适合通过单插来传递清丽自然的风格。因此，宋人常常以梅花来配胆瓶，斜直的花枝与圆柔的瓶颈线条相衬，突出疏朗清雅的气质，同时也借梅花傲雪绽放的品格来彰显自己高洁的情操。

由于宋人的"疯狂追捧"，胆瓶自宋以后便与花事紧密结合，受到了历代文人的欢迎，影响十分深远。甚至清朝的乾隆皇帝也是宋代胆瓶的"超级粉丝"。据说乾隆皇帝的书斋中常供的胆瓶，便是宋代官窑遗址出土而遗落民间的一只胆

乾隆帝写字像轴

瓶。乾隆皇帝非常喜爱，还专门为它作了首诗："当年邵局号
为官，轻用民间禁有干。今作市廛私货物，慨然鉴古发清叹。"
并将这首诗镌刻在瓶底。如今我们在名画《乾隆帝写字像轴》
图中，还能看到皇帝左手边的案几之上放着一只胆瓶，瓶中
插花两枝，的确清雅可爱。

　　作为文人的黄金时代，宋代的政治、经济、文学都得到了
极大的发展，无论是诗词书画、美食茶饮，还是各种器皿，都
达到了一个历史上从未有过的高峰。此时的市民文化极为兴

盛，文化重心也与市井相连，范围从小众的皇家贵族扩大到整个文人阶层。此时的文人生活相对安逸，有很多时间、精力和资本来追求日常生活的精致化。因此，所谓文人的诸般雅事，尽管并非宋人的独创，却是宋人进一步为之赋予了雅的含义。宋代文人以精神世界的广阔博大和物质层面至精至美的审美追求，深刻地诠释着"致广大而尽精微"的理念。而这，不正是宋人尚雅之风的内核吗？

宋代八卦镜与仙人镜

"小时不识月，呼作白玉盘。又疑瑶台镜，飞在青云端……"这首家喻户晓的《古朗月行》是著名大诗人李白所作，将月亮比作"白玉盘""瑶台镜"，把月光的皎洁与明亮展现得淋漓尽致，充分展示了浪漫主义诗人丰富的想象力。其中，瑶台就是传说中仙人居住的地方，而"瑶台镜"所指的自然就是瑶台仙人的明镜。李白笃信道教，他的诗中也带有浓郁的道教色彩。

到了宋代，虽然政坛上以儒家作为主流思想，但道教也一直非常盛行。经历了唐代儒释道三教的合流，道教作为我国本土的民族宗教，不仅范仲淹、欧阳修、苏轼等著名文人都有对道教或道家思想的相关阐释，就连宋代的皇室也格外好道。像宋太宗、宋真宗、宋仁宗、宋徽宗等皇帝，都曾将老庄之道看作治国的妙道。宋徽宗时更是将道教作为国教，推崇至极。因此，宋代的诸多文物也都与道教思想有关。道教进入民间，逐渐演化出诸多的流派，和儒家的文王八卦相结合的

十二生肖八卦镜

风水学就是其中之一。

　　在宋代，风水学不但在民间盛行，文人墨客对其亦颇有研究。像朱熹这样的大儒，也写过风水学相关的文章。无论在道教还是在风水学中，日常所用的镜子都是重要的法器。台北故宫博物院藏有一面南宋时期的十二生肖八卦镜，就是其中的重要代表。这面八卦镜以青铜制造，直径 22.1 厘米，整体呈圆形，中有八卦形的钮座和龟形的钮。镜子背面雕刻着

仙人镜

八卦和十二生肖的动物图案，最外圈还有二十字的铭文："水银是阴精，百炼得此镜。八卦气象备，卫神永保命。"这样的镜子一般推测是道士携带的法器，或悬挂在家里和墓顶，起到招财、辟邪的作用。

唐代初年的王度曾写过一本传奇《古镜记》，其中描述了镜子法力无边、镇压邪祟的功用。有的铜镜还要再加上八卦的刻文为之"赋能"，称为"八卦镜"，也因此成为风水吉祥的象征。八卦也叫作经卦,是《周易》中以阴阳爻来绘制的八种基本图形,源自古代占卜时所用龟甲的裂纹。相传八卦为伏羲所造,由周文王传承下来,因此八卦镜也被称为"文王八卦镜"。古代以铜为镜,正面打磨光亮用以照人,背面会刻有各种图案。南宋这面八卦镜的主体图案便是十二生肖的纹饰。生肖又名属相,是对应十二地支设定的十二种动物,具有丰富的文化意义。这种纹饰出现在铜镜上最早可见于隋代,此时的十二生肖往往分格排列,外侧饰以锯齿状的纹路。但唐宋之际就基本不再分格了,台北故宫博物院所藏这件南宋生肖镜,十二生肖只是绕着镜钮旋转排列,并无分格。铜镜传世不多,现有的文物基本上都来自出土。宋人会将铜镜置于墓葬,用以辟邪。南宋周密的《癸辛杂识》中记载:"世大殓后,用镜悬棺,盖以照尸取光明破黑暗之义。"这是利用了镜可反光的特性。

道教脱胎于老庄的道家思想,其核心教义为阴阳五行的观念,注重自然化生。宋人对于道教的推崇反映在铜镜之上,除了铭刻八卦、生肖和道家吉祥纹饰之外,还有对仙人故事的刻画。如前页所展示的铜镜,虽然历经岁月洗礼,背面的纹饰已然模糊,但仍能看出烟云缭绕的缥缈之态。右侧可见一株老树,树下有一人端坐,双手置于膝上;左侧则有一大一小两人，以观者的角度来看正是一近一远，远处的人物手持一花束形物，平举于胸前，近处人物两手垂于身侧，两人都呈跪拜状。铜镜上下可见弯曲线条，依稀可见云雾、异兽等纹饰，正是游仙之景。

铜镜发展至宋代，已经诞生了诸多种类的纹饰，比如双鱼纹、龙纹、吉祥铭文等，都是常见的样式。而以神仙人物故事为主题的铜镜虽然在唐代已经出现，但已经与唐镜的内容有了很大差别。宋代的仙人镜往往以王质观弈、宁戚饭牛、八仙过海、礼拜人物为主题，体现出鲜明的道教特色。这些雕刻和绘画的写实风格，来自宋代的人物画。两宋时期的人物画，以道教相关的人物和故事为题材的不在少数，如《朝元仙仗图》《护法天王图》等，都是极具代表性的作品。这些作品在继承唐五代人物画的成就的同时，在人物的细节、个性、构图、表现手法上都有所发展，重点刻画人物的活动，神态、动作等方面的描绘都极力贴近现实生活。因此，即使是神仙题材的绘画，也不会让读者产生画中人高高在上、不可企及的距离感。观察这件铜镜的纹饰，就能发现虽然刻画的是神仙之境，但人物的形态上都很接近现实中贺寿或礼拜的情景，不由让人产生身临其境之感。

八卦镜与仙人镜，这两种取材于道教思想的纹饰，其实仍旧离不开宋代理学的影响。宋代理学重在实际，强调"格物致知"，意在通过探究现实生活中的事物来体会其哲学性。宋代文人往往诗文书画俱佳，因此无论是在诗歌、文章、书法还是绘画当中，都难以脱离这种指导思想的影响，在绘画和雕塑中便体现为"写实性"。因此，虽然宋人以风雅敬神为人所津津乐道，可是人们从未感到这些风雅之人与普通人之间存在着难以逾越的鸿沟。也许，这也是宋人在精致之外还能如此"接地气"的原因之一吧。

责任编辑：潘洁清
装帧设计：李腾月
责任校对：王君美
责任印制：汪立峰　陈震宇

图书在版编目（CIP）数据

藏在文物里的两宋史 . 宋韵雅器篇 / 南宋书房著
. -- 杭州：浙江摄影出版社，2024.7
ISBN 978-7-5514-4765-2

Ⅰ . ①藏 … Ⅱ . ①南 … Ⅲ . ①中国历史 – 宋代 – 通俗
读物②文物 – 中国 – 宋代 – 通俗读物 Ⅳ . ① K244.09
② K871.44-49

中国国家版本馆 CIP 数据核字 (2023) 第 233762 号

CANG ZAI WENWU LI DE LIANG SONGSHI. SONGYUN YAQI PIAN

藏在文物里的两宋史 . 宋韵雅器篇

南宋书房　著

全国百佳图书出版单位
浙江摄影出版社出版发行
　　地址：杭州市环城北路 177 号
　　邮编：310005
　　电话：0571-85151082
　　网址：www.photo.zjcb.com
制版：壹品设计工作室
印刷：杭州捷派印务有限公司
开本：889mm×1194mm 1/32
印张：6.75
字数：113 千
2024 年 7 月第 1 版　　2024 年 7 月第 1 次印刷
ISBN 978-7-5514-4765-2
定价：68.00 元